酒店客房部
精细化管理与标准化服务

李雯 编著

人民邮电出版社

北 京

图书在版编目（CIP）数据

酒店客房部精细化管理与标准化服务 / 李雯编著
. -- 北京 ：人民邮电出版社，2016.3
ISBN 978-7-115-41871-5

Ⅰ. ①酒… Ⅱ. ①李… Ⅲ. ①饭店—商业管理②饭店
—商业服务 Ⅳ. ①F719.2

中国版本图书馆CIP数据核字(2016)第037253号

内 容 提 要

互联网技术和大数据技术的快速发展，给酒店行业带来了机遇与挑战。就酒店客房部而言，大数据带来的挑战和工作方式的变革是酒店管理人员、尤其是酒店客房服务人员不可回避的现实。

为了帮助酒店客房部在新形势下做好转型和精细化管理，提高竞争能力，提升内外部用户体验，本书从"精细化管理"和"标准化服务"两个角度出发，全面细化了酒店客房部岗位设置与规范制度设计、客房服务中心精细化管理、楼层服务精细化管理、公共区域服务精细化管理、洗衣房精细化管理、布草房精细化管理6大工作事项。同时，为了方便读者直接开展相关工作，本书还给出了工作执行过程中所需的文书或表单。

本书适用于酒店管理人员，尤其是客房部管理人员参考使用，也可以作为酒店客房部一线人员的岗位培训教材和高校酒店管理相关专业的教材教辅用书。

◆编　著　李雯
　责任编辑　张国才
　执行编辑　贾璐帆
　责任印制　焦志炜

◆人民邮电出版社出版发行　　　　　北京市丰台区成寿寺路 11 号
　邮编 100164　电子邮件 315@ptpress.com.cn
　网址 https://www.ptpress.com.cn
　涿州市般润文化传播有限公司印刷

◆开本：787×1092　1/16
　印张：15.5　　　　　　　　　　　　2016 年 3 月第 1 版
　字数：150 千字　　　　　　　　　　2025 年 10 月河北第 48 次印刷

定　价：45.00 元
读者服务热线：（010）81055656　印装质量热线：（010）81055316
反盗版热线：（010）81055315

前　言

互联网的快速发展，大数据的风起云涌，给传统的酒店业带来了机遇与挑战。有业内人士表示，酒店行业已经从"连锁时代"进入了"互联网时代"，急速扩张的互联网周边应用是酒店业未来发展的大趋势。但是，不管技术手段如何先进，服务手段如何创新，在这个行业，一餐一宿的质量和品质依旧重要，甚至可以说，用户体验和服务正在成为酒店行业竞争新的重心。

紧跟潮流、不断创新是"互联网＋"大潮对酒店业提出的新挑战、新要求，酒店业在迎接这个挑战的过程中，除了要引入互联网思维、应用互联网技术，更要回归商业的本质，找到用户真正的痛点、痒点，为用户创造价值。

为了帮助酒店业做好转型、提升服务质量，顺利实现"互联网＋"管理，普华经管联合弗布克管理咨询公司，从**"精细化管理"**和**"标准化服务"**两个最具价值，也是酒店业在互联网时代转型突围的重要角度入手，开发了《酒店财务部精细化管理与标准化服务》《酒店营销部精细化管理与标准化服务》《酒店餐饮部精细化管理与标准化服务》《酒店前厅部精细化管理与标准化服务》《酒店客房部精细化管理与标准化服务》共五本图书。

以上五本图书分别阐述了酒店财务部、营销部、餐饮部、前厅部、客房部五个部门的具体管理事项和工作标准。同时，为了迎合当下酒店业转型和"互联网＋"的趋势，加入了之前酒店管理类图书极少涉及的内容，比如大数据对酒店财务部管理的影响、餐饮部如何应用大数据、大数据在酒店前厅业务中的应用、"互联网＋"对酒店营销工作的影响、移动互联网在客房部运营中的应用等。

《酒店客房部精细化管理与标准化服务》一书对大数据时代酒客房部的运作趋势进行了分析，并从新形势出发，对酒店客房部的**岗位设置**、**岗位职责**、**绩效目标**、**工作程序**、**关键问题**逐一展开论述。

岗位设置：针对酒店客房部提供的每一项服务，设定了相应的工作岗位，明确了岗位名称、岗位数量和层级关系。

岗位职责描述：针对客房部每一个具体的工作岗位，对岗位职责进行了详细描述，明确了任职者的具体工作事项和自己在组织中所处的位置。

岗位绩效考核：针对客房部每一个具体的工作岗位，设计了考核内容、考核指标及目标值，以便于酒店管理人员对员工进行绩效考核。

工作程序：针对客房部的每一项工作，进行了工作程序和步骤设计，设定了明确、具体的工作目标，并对关键问题点进行了具体说明。

服务标准：针对酒店客房部每项具体工作须达到的要求，本书给出了详尽的服务规范，让读者清楚每项服务的标准。

文书表单：针对酒店客房部的每一项工作，本书提供了执行、落实过程中所需要的文书或表单，方便读者参照使用。

问题解决：针对酒店客房部在工作中经常会遇到的问题，本书给出了可供读者借鉴的问题解决方案，有助于客房部服务人员参考解决现存的问题，预防可能会发生的问题。

综上所述，本书为酒店客房部的工作人员、培训者、管理者提供了一套"**拿来即用**"的**执行规范**和**工作方法**，是酒店客房部门必备的规范化管理实用书。

在本书编写过程中，彭召霞、孙立宏、刘井学、阎晓霞负责资料的收集和整理，贾月、邹霞、贾晶晶负责图表的编排，毛文静负责编写本书的第一章，刘俊敏负责编写本书的第二章，宋丽娜负责编写本书的第三章，高春燕负责编写本书的第四章，王佳锐负责编写本书的第五章，康秀梅负责编写本书的第六章，全书由李雯统撰定稿。

目　录

岗位职责
+
绩效标准

工作程序
+
关键问题

执行技巧
+
解决方案

常用文书
+
工作表单

第一章

客房部岗位设置与规范制度设计

第一节　客房部服务事项与岗位设置

一、移动互联网在客房部运营中的应用

在移动互联网快速发展的大形势下，随着各酒店研发的移动预订客户端，原酒店客房部的业务运营也发生了翻天覆地的变化。一款客户体验好、功能强大、资源整合能力强的 APP，可以将客房营销决策、客房预订、客房入住情况、客房服务等各个环节的信息集结在一起，以便酒店进行汇总、统计、分析，进而有针对性地策划出个性化的客房服务和精准的营销活动，以有效地提升客房的出租率。

在移动互联网发展的进程中，许多酒店和酒店运营第三方推出了多款 PMS 酒店管理系统，这些系统使得酒店客房的销售模式从自主销售、旅行销售、网络平台销售再次升级到微平台销售，包括微博订房、APP 订房、微信公众号订房以及自助办理入住等增值服务。

微博订房、APP 订房等服务为推动酒店经营数据信息化，特别是经济型连锁酒店、中小型酒店、青年旅舍或客栈、家庭旅馆等提供触网的机会。这些客房经营者将客房信息放在网络平台上，通过互动式的交流和关注，广泛地传递了旅游线路信息，也更方便了客户的客房咨询和预订。

而酒店的微信公众号平台则需要一套互联网化的 PMS 酒店管理系统来支撑和运营，基于这个平台，客户可以实现选房、支付、开门、通房的全程自助式操作，既可以通过酒店的微信公众号关注酒店、查找客房、询价，又可以在微信公众号上自动办理入住手续、通过微信控制客房智能房锁、与酒店客服开展互动和咨询服务，还可以在微信上一键退房等。

酒店通过运营这样的微信公众号，实现了从客户信息的预留，到客房订单的承接，到客房服务的提供，再到对客服务评价的闭循环运作，不仅极大地方便了客户询价、订房，还有效地节约了客房运营的人力成本。

二、客房部服务事项

在互联网技术和大数据技术快速发展的大背景下，酒店客房部的服务事项如下表所示。

服务事项要点	服务事项描述
1. 楼层服务	（1）对客房进行清洁与整理工作，为客人营造良好的休息与工作环境 （2）对客房与相关设备进行检查、日常维护与保养，保证客房设备能够正常使用 （3）为客人提供迎送服务及相应的客房服务 （4）为客人提供加床、开夜床、擦鞋等服务，提升客人对酒店服务的满意度
2. 公共区域服务	（1）对公共区域内的设施设备进行清洁，为客人提供干净、整洁的休息环境 （2）对公共区域内的设备进行日常维护与保养，保证客人的正常使用需求 （3）做好大堂地毯、楼层地毯的吸尘、清洗与保养工作 （4）做好酒店的园林绿化、花草养护与清洁工作，向客人展现良好的酒店环境
3. 洗衣服务	（1）根据客人的需要，做好客人衣物的收取、洗烫、平整和送回服务 （2）及时处理客人衣物洗涤服务中存在的问题，未达到洗涤要求的衣物要退回重洗，最大程度上提升客人对洗衣服务的满意度
4. 布草、工作服清洗服务	（1）做好酒店布草的洗烫、缝纫工作，保证满足各营业点的布草使用需求 （2）做好员工制服的洗烫、缝补工作，保证员工制服整洁、无破损 （3）根据布草的破损程度与数量，及时提出布草报废和采购申请，做好酒店布草的补充工作，保证满足各营业点的布草使用需求

三、客房部岗位设置

客房部岗位设置	人员编制

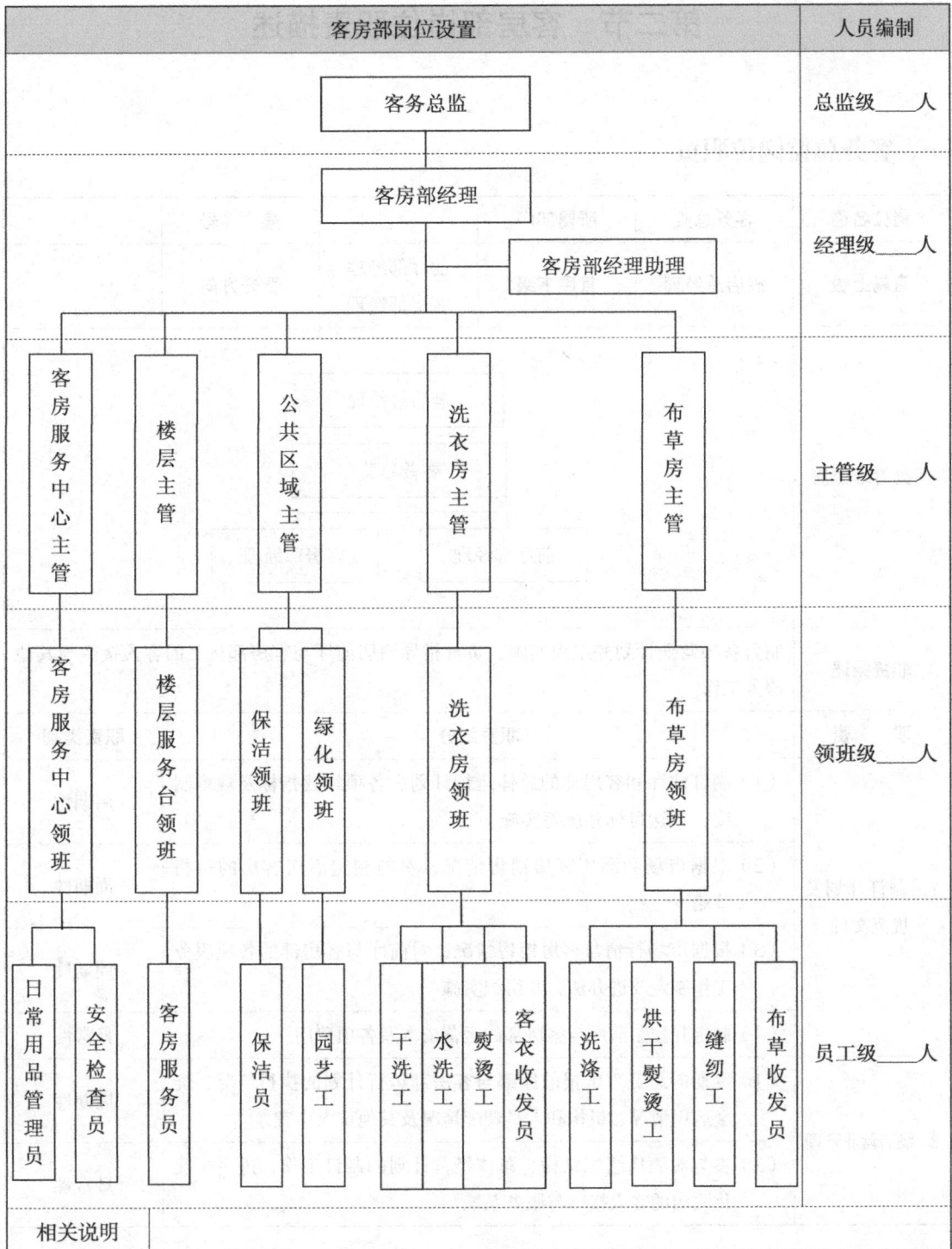

组织结构图：

- 客务总监 —— **总监级____人**
- 客房部经理 / 客房部经理助理 —— **经理级____人**
- 主管级____人：客房服务中心主管、楼层主管、公共区域主管、洗衣房主管、布草房主管
- 领班级____人：客房服务中心领班、楼层服务台领班、保洁领班、绿化领班、洗衣房领班、布草房领班
- 员工级____人：日常用品管理员、安全检查员、客房服务员、保洁员、园艺工、干洗工、水洗工、熨烫工、客衣收发员、洗涤工、烘干熨烫工、缝纫工、布草收发员

相关说明	

第二节　客房部岗位职责描述

一、客务总监岗位职责

岗位名称	客务总监	所属部门		编　号	
直属上级	酒店总经理	直属下级	前厅部经理 客房部经理	晋升方向	

所处管理位置	<table><tr><td>酒店总经理</td></tr><tr><td>客务总监</td></tr><tr><td>前厅部经理</td><td>客房部经理</td></tr></table>

职责概述	制订各项营业计划并组织实施，负责指导酒店前厅与客房部员工的客人接待与其他服务工作

职　责	职责细分	职责类别
1. 制订计划及规范文件	（1）制订前厅和客房部的总体运行计划、各项经营指标及规章制度，下达目标并统筹实施	周期性
	（2）根据市场和酒店客房销售情况，参与制定酒店客房的价格策略	周期性
	（3）根据市场行情与客房销售情况，对前厅与客房部的各项服务工作制定改进办法，并组织实施	周期性
	（4）制定并控制前厅与客房部的运营成本及各项费用	日常性
2. 酒店营业管理	（1）定期向总经理汇报前厅部与客房部运行计划的执行情况、资金运用情况、机构和人员调配情况及其他重大事宜	周期性
	（2）参与对酒店组织结构、总体经营计划的制订工作，进一步优化酒店的客人接待与服务系统	日常性

（续表）

职责	职责细分	职责类别
2. 酒店营业管理	（3）协调前厅部、客房部与其他各部门之间的关系及内部关系，确保客人接待服务的连贯性	日常性
	（4）参考所辖部门内的客人投诉及提出问题的情况，做出批示并将客人的意见融入酒店服务政策的制定和实施中	特别工作
3. 员工管理	（1）提出前厅部经理、客房部经理的任免名单，递交酒店总经理批准	特别工作
	（2）核准所辖部门内除前厅部经理、客房部经理外所有管理人员的任免，并递交行政人事部存档	特别工作
	（3）制定和评估前厅部经理、客房部经理的年度绩效考核，审核所辖部门内基层管理人员的年度绩效考核与检查的标准与方法	日常性
	（4）遵照酒店的人事政策和人力资源计划，制订前厅部、客房部各级人员的培训计划，并组织实施	周期性

二、客房部经理岗位职责

岗位名称	客房部经理	所属部门	客房部	编　号	
直属上级	客务总监	直属下级	客房部经理助理 各部门主管	晋升方向	
所处管理位置					
职责概述	对客房服务工作进行指导监督，参与制订经营计划，协调客房服务工作，确保客房部工作的正常运转				

7

（续表）

职　责	职责细分	职责类别
1. 制订计划及规范性文件	（1）协助客务总监制订客房部经营计划，最大限度地提高客房收入和客房出租率	周期性
	（2）根据客房部经营特点及相关标准，调整、完善部门的组织结构、规章制度、工作程序与标准，并督促、指导、检查客房部的各管理人员执行规章制度和落实各项方针、政策与计划的情况	周期性
	（3）组织编制并负责审批客房部物资设备的供应计划，保证客房部物资设备的正常使用	周期性
2. 组织、统筹安排客房部服务	（1）亲自走访贵宾，探望患病的客人和长住的客人，了解客人需求，提供个性化服务	日常性
	（2）协调客房部各项工作，与各相关部门搞好工作沟通与配合，并注意加强与酒店业同行之间的联系与交流	日常性
	（3）受理客人的投诉，收集客人的各项意见与要求，及时发现问题，不断改进工作，提高服务水准	特别工作
3. 客房部管理	（1）审查每天的业务报表，向上级提供有利于客房部的销售，最大程度上控制经营成本，增收节支	日常性
	（2）巡视客房区域，现场督导，及时处理员工在工作中遇到的问题	日常性
	（3）参加酒店例会及各类专题会议等，组织部门例会，做好上传和下达工作，督导并落实会议要求	周期性
	（4）负责督促、检查客房部管理区域内的安全防火工作，加强培训	日常性
4. 客房部员工管理	（1）负责对本部门员工进行业务培训，定期向人事行政部提交各个时间段的部门培训计划、用工计划等	周期性
	（2）评估员工工作，定期向客务总监提出人员任免和奖惩方面的建议	周期性

三、客房部经理助理岗位职责

岗位名称	客房部经理助理	所属部门	客房部	编 号	
直属上级	客房部经理	直属下级		晋升方向	

所处管理位置	

客务总监
├ 前厅部经理
└ 客房部经理
　　└ 客房部经理助理
客房服务中心主管　楼层主管　公共区域主管　洗衣房主管　布草房主管

职责概述	根据部门的工作计划与安排，监督、检查客房部各岗位的日常工作，并做好客房部所有用品的管理

职 责	职责细分	职责类别
1. 协助制订各项计划及规范文件	（1）参与制订客房部各项服务的工作计划，并负责各项计划的具体实施与工作安排	周期性
	（2）参与制订客房部各项服务程序与规范文件，并监督实施	周期性
2. 客房部日常工作管理	（1）巡查客房部管辖范围的工作，遇到问题及时处理，而重大问题须向客房部经理请示	日常性
	（2）检查客房及公共区域的清洁卫生，有问题及时指出并纠正，保证客人的居住环境舒适、整洁	日常性
	（3）抽查各个班次的工作质量，特别是负责贵宾客房的员工，要使其服务达到酒店贵宾服务的要求和标准	日常性
	（4）负责考核领班以上人员的工作业绩和工作质量，提出奖惩建议	周期性
3. 客房部设备与用品管理	（1）监督、检查、控制客房部各种物品、用品的消耗和各种设备设施的使用情况，客人遗留物品的处理情况，以及各类报表的管理和档案资料的存储工作	日常性
	（2）检查客房、公共区域的物品使用和设备运转情况，及时联系工程部对设备进行保养和维修	日常性

第三节 客房部岗位考核量表

一、客务总监绩效考核量表

序号	考核内容	考核指标及目标值	考核实施	
			考核人	考核结果
1	制订营业计划，组织完成酒店客房的销售工作	年客房营业收入不低于____元，年客房平均出租率不低于____%		
2	参与客房的定价与销售策略等营销决策	本年度客房平均房价比上一年度提高（降低）____%		
3	督导所辖部门的服务，确保服务事项的按时、按质完成	客人满意度评分平均达____分		
4	处理客人问题，解决投诉	客人投诉处理完成率达____%		
5	控制前厅部、客房部的运营成本	运营成本节约率达____%		
6	督导所辖部门培训工作	培训工作计划按时完成率达____%		
7	协助完成前厅部经理、客房部经理的考核工作	下属员工考核工作按时完成率达____%，员工考核达标率为____%		

二、客房部经理绩效考核量表

序号	考核内容	考核指标及目标值	考核实施	
			考核人	考核结果
1	参与制订客房部经营计划	客房部月平均营业额达____元以上		
2	制订物资设备供应计划	物资供应计划与实际需要物资数量偏差不得超过____%		
3	走访特殊客人并了解其对服务的需求，以不断改进服务质量	客人满意度评分平均达____分以上		
4	处理客人投诉	客人投诉解决率达____%（通常为100%）		

（续表）

序号	考核内容	考核指标及目标值	考核实施	
			考核人	考核结果
5	检查客房安全工作	客房各项设施安全合格率在____%以上		
6	控制客房部的运营成本	客房运营成本节约率达____%以上		
7	对员工进行培训	部门员工被投诉次数不超过____次		

三、客房部经理助理绩效考核量表

序号	考核内容	考核指标及目标值	考核实施	
			考核人	考核结果
1	参与客房部经营管理事务，根据客房部经理的安排，完成各项服务事项	客房部各项服务工作正常开展 客人投诉次数不得超过____次 重大服务事故发生率为___%（通常为0%）		
2	协助制订客房部洗涤、清洁等项目的计划，并监督执行	各项工作计划按时完成率达____%以上		
3	监督物资使用情况，控制成本	客房运营成本节约率达____%以上		
4	检查所辖公共区域卫生情况	卫生检查合格率达____%以上		
5	培训员工并实施考核	员工培训考核达标率达____%		

第四节　客房部服务标准与服务规范

一、客房服务工作质量标准

酒店客房部服务标准与服务规范文件		文件编号		版本	
标题	客房服务工作质量标准	发放日期			

1. 目的

为了规范客房服务人员的服务行为，提高酒店的客房服务水平，提升客户对服务的满意度，特制定本标准。

（续）

2. **客人迎接工作标准**

（1）了解客情。根据酒店总台的通知单，尽可能详细地了解客情，做到"八个知道，两个了解"，即知道自己所接待的客人的公司名称、人数、国籍、身份、生活特点、接待标准、健康状况和宗教信仰；了解客人的到（离）店时间以及客人的车、船、航班到（离）时间等。

（2）布置房间。根据客人的宗教信仰、生活特点、标准及规格，对客房进行布置。

（3）楼层迎宾。在电梯口迎接客人，引领客人进房间，提供迎客茶，介绍房间设施及服务项目等；分送行李，协助行李生将客人行李（团队）分送至各房间。

3. **豪华套房接待服务工作标准**

（1）迎客准备。接到住房通知单后，要了解客人的国籍、到房时间、人数、性别、身份、接待单位等；按照客人要求布置好房间，并检查房间设施与设备是否完好，各种开关、按钮、照明、音响是否完好，各种物品摆放是否整齐、得当；按照规定摆放好饮料；摆放好水果（果篮）、洗手盆、水果刀、果叉、口布等；摆放好鲜花，做夜床要放置夜床赠品，摆放好总经理名片及欢迎卡；客人到达前还应检查房间的温度是否得当（根据季节调节），客人到后再按客人的要求调节。

（2）迎接客人。客人到达时，楼层主管及服务员要到电梯前迎接，当客人跨出电梯时，要用英语或普通话欢迎客人，如知晓客人的职务，则以职务称呼客人；引领客人进房时要落落大方地介绍客房情况，使客人熟悉住房情况，并有宾至如归之感；尽快送上热毛巾、迎客茶；客房服务人员不得打扰客人休息，要尽快离房，离房前要说："请您休息，如有事请打前台电话。"

4. **加床服务工作标准**

（1）接到加床通知后，随即提供该项服务，这通常是在客人未住进时完成。

（2）酒店总台通知客房服务中心后，必须及时在房间报表上记录加床的房号。

（3）客房服务中心通知领班或台班做加床服务。

（4）检查备用床是否有损坏，并擦拭干净，推入房间后铺好床。

（5）加床后，需增加房内相关低耗品及备品的数量。

5. **叫醒服务工作标准**

（1）铃响三声内接听电话。

（2）按标准程序问候客人，报岗位名。

（3）问清房号、姓名及叫醒时间。

（4）重复客人叫醒要求，得到客人确认后，祝客人晚安。

（5）把叫醒要求告之总机，并告诉对方叫醒要求，请对方确认。

（6）填写"叫醒记录表"，具体填写项目包括客人房号、姓名、叫醒时间，并通知相关岗位人员。

（7）在叫醒没有应答时，要请楼层服务员敲门叫醒客人。

6. **客衣服务工作标准**

（1）收客衣。客人交洗的衣物由客房服务人员从房间收洗，且必须有客人签名的"洗衣单"；客人未作交待，放在洗衣袋内未填写"洗衣单"的衣物，不能交到洗衣房洗涤，需征求客人意见后再作

（续）

处理；根据"洗衣单"核对客人姓名、房号、日期以及衣物名称、件数是否相符；仔细检查交洗的客衣，看有无破损及衣袋内有无遗留物品；了解所洗衣物应采用哪种洗衣类型；按酒店规定时间交送洗衣房；如洗快件，应尽快通知洗衣房；有特殊要求的客衣，应在"洗衣单"上注明；填写收洗客衣记录，尽快将"洗衣单"传至总台入账。

（2）送还客衣。洗衣房送回客衣时，应按"洗衣单"逐件进行清点；检查洗涤质量，如衣物有无破损、缩水、褪色等；送客衣进房间，请客人验收，清点完毕后向客人道别；如客人不在房间，应按程序进门，把衣物摆放在床上或挂于衣橱内；当客人投诉洗衣服务时，应报告上级，查找原因，妥善处理。

7. 擦鞋服务工作标准

（1）接到要求。在接到客人要求后，应及时前往客房收取擦鞋篮；在过道巡视时，发现住客房门前有擦鞋篮，应立即拿到工作间进行擦拭。

（2）按照要求擦鞋。将鞋篮编号，并将客人的房号写在纸条上放入鞋篮，或用粉笔在鞋底注明房号，防止混淆；将鞋放置于工作间或客房服务中心，按规程擦鞋，应注意避免混色或将鞋油弄在鞋底上。

（3）送还。一般应在半小时后、两小时之内，将擦好的鞋送入客人房内；对于提出特别时间要求的客人，应及时将鞋送回；送还时如果客人不在房间，则应将擦好的皮鞋放于行李柜侧。

8. 客人遗留物品处理工作标准

（1）在客房范围内，无论在任何地方捡到客人的物品，都必须尽快交到客房服务中心。

（2）如客房服务人员在检查客人已走的客房时发现了客人的遗留物品，则应及时跟总台联系，将物品交还客人；如客人已经离开，则应及时上缴楼层领班。

（3）客房服务中心人员在收到客人遗留物品时，都应记录在"客人遗留物品登记表"上，写明日期、房号、拾到地点、物品名称、拾物人姓名和班组。

（4）客房服务中心的人员应将捡到的客人物品分类存放。具体的分类存放地点和保留时间如下表所示。

客人遗留物品分类以及存放说明表

客人遗留物品类别	存放方法	保留时间
贵重物品：珠宝、信用卡、支票、现金、相机、手表、商务资料、身份证、回乡证、护照等	遗留物品储存柜，且有专人看管	12个月
非贵重物品：眼镜、日常用品等	遗留物品储存柜	6个月

超过保留时间的物品，由客房部经理会同其他部门经理协商处理。

9. 客人租借用品服务工作标准

（1）接到通知。电话响三声内按标准接听；仔细询问客人租借用品的名称、要求以及租借时间等。

（续）

（2）送用品至客人房间。到客房服务中心领取租借用品；将用品迅速或在客人约定的时间送至客人房间，向客人说明注意事项，并请客人在"租借用品登记单"上签名。

（3）进行记录。在交接记录上详细记录，以便下一班客房服务人员继续为客人提供租借用品服务。

（4）归还。当客人离店时，应特别检查客人有无租借用品及有无归还等情况；当客人归还用品时，客房服务人员应做详细记录；及时将用品归还服务中心。

10. 送客服务工作标准

（1）准备工作。掌握客人离店时间，问清客人是否需要叫醒服务、是否在房间用餐；如客人次日离店，要根据行李多少安排行李员；要检查客衣情况、各种账单及各项委托代办事项是否办好；客人临行前，客房服务人员应利用房间服务的机会，检查各种物品及设备有无损坏或欠缺；临行前，应主动征求客人对酒店服务的意见。

（2）送别。主动为客人按电梯，主动提行李，主动搀扶老、弱，送至电梯口，并致离别祝愿。

签 阅 栏		签收人请注意，您在此签字时，表示您同意以下两点内容。 1. 本人保证严格按此文件要求执行。 2. 本人有责任在发现问题时，第一时间向本文件审批人提出修改意见。
相关说明		
编制人员	审核人员	审批人员
编制日期	审核日期	审批日期

二、客房环境管理工作标准

酒店客房部服务标准与服务规范文件		文件编号		版本	
标题	客房环境管理工作标准	发放日期			

1. 目的

为了净化客房的空气质量，美化客房的周边环境，给客人提供舒适、良好的住宿条件，特制定本标准。

2. 客房内环境管理

（1）酒店房间、卫生间放节能卡、环保卡，向客人宣传节电、节水知识。

（2）使用非一次性的沐浴液和洗发液，并且洗发液和护发素合二为一，以减少塑料瓶的使用量，避免浪费。

（3）使用布制洗衣袋，以便多次重复利用。

（4）使用纸质礼品袋，可回收利用。

（5）客房服务员查房间时，要开窗通风，保持房间内空气清新。

（6）服务员查房时，要将不必要的灯具关闭，节约用电。

（续）

（7）客房服务员铺床可采用中式床铺（一层床单，无毛毯），以减少棉织品的洗涤量。

（8）客房服务员在打扫卫生间时，要注意节约用水。

（9）客房服务员要将房间内的所有烟灰缸收集起来统一洗刷，节约用水。

（10）客房服务员在打扫客房时，要尽量减少低值易耗品的使用量。

（11）客房楼层设有无烟楼层标志，楼层以及各房间内设有无烟标志；楼层不放置烟筒，房间也不放置烟灰缸。

（12）客房套房内配备有适宜的绿色植物，所有客房、卫生间内都配备单只鲜花。

3. 客房绿化管理

（1）室内、室外的绿化要与酒店整体氛围相适应，体现酒店的档次。

（2）室内公共区域的绿色植物要根据气候、季节、温度等情况合理浇水、松土、倒盆、施肥、修剪等，并及时撤出需要养护的植物。

（3）绿色植物浇水前，要检查水桶、喷壶等工具是否漏水或损坏。

（4）对于室内的大型宽叶绿色植物，要每周对叶面追肥一次。

（5）要站在上风头浇水，喷洒均匀，切不要远距离喷射，保证污水不四溅。

（6）检查所有浇灌开关，保证全部关闭，杜绝漏水、滴水现象的发生。

（7）各种绿色植物、花卉都要根据其不同的习性、所处的气候和具体的生长要求合理施肥。

（8）对于高大树木和丛状灌木以及盆景等，应在春秋两季进行修整，清除老枯枝叶，截口与枝位平齐。

（9）在室内、室外的各种花卉，绿化员要随时对枯枝败叶进行修剪，以便于花卉更好地生长。

4. 客房固体废弃物管理

（1）客人用过的生活垃圾收取后应送至垃圾分类房进行分类存放。

（2）客房服务员用过或收集到的废电池，要送至部门库管员处，由库管员统一存放，最后交至行政部。

（3）楼层共公区域和房间的坏灯泡要找工程部以旧换新。

（4）用完的清洁剂桶，其中一部分送回库房作为配兑清洁剂的用桶，另一部分无利用价值的要送垃圾房分类存放。

（5）办公室的打印机色带、墨盒等，由客房部服务员送至行政部以旧换新。

签 阅 栏		签收人请注意，您在此签字时，表示您同意以下两点内容。 1. 本人保证严格按此文件要求执行。 2. 本人有责任在发现问题时，第一时间向本文件审批人提出修改意见。	
相关说明			
编制人员		审核人员		审批人员	
编制日期		审核日期		审批日期	

第五节　客房部精细化管理制度设计

一、客房部新员工管理制度

制度名称	客房部新员工管理制度		受控状态	
			编　号	
执行部门		监督部门	考证部门	

第1章　总则

第1条　为了有效培养合格的员工，使新员工尽快适应工作环境、进入工作状态，经人事行政部经理和客房部经理共同研究，特制定本制度。

第2条　本制度适用于通过外部招聘而进入本酒店客房部任职的所有员工。

第2章　新员工试用与转正

第3条　根据国家劳动法及酒店相关规定，客房部新员工试用期一般为两个月，未经特殊审批不得提前转正。

第4条　试用期内享受酒店规定的工资及福利待遇。

第5条　如新员工在试用期内提出辞职，需提前7天以书面形式通知客房部经理，由后者报人事行政部经理审批后，方可办理离职手续。

第6条　试用期合格后，先由员工本人填写"新员工部门入职培训检查表"及试用期内工作总结。再经客房部经理出具"客房部新员工考核与人事变动表"，对该员工试用期内的总体表现给出书面考核意见，然后报至人事行政部经理，逐级报批后方可生效。

第7条　若未通过试用期，客房部经理也应出具"客房部新员工考核与人事变动表"，注明未通过的原因及延长试用期的时间（延长时间不得超过1个月）。

第8条　如员工在试用期内工作表现不合格、体检不合格或被发现个人资料有虚假成分，客房部经理或人事行政部经理均有权予以即日辞退，且对其不进行任何经济补偿。

第9条　转正后的员工享受酒店规定的工资及福利待遇。

第10条　转正的员工，如因个人原因提出辞职，应提前1个月以书面形式通知客房部经理。如因酒店经营或其他符合法律要求的行为需要裁减员工，人事行政部应提前1个月以书面形式通知员工本人，否则要以1个月工资补偿来代替通知。

第3章　新员工入职培训

第11条　新员工必须坚持"先培训，后上岗"的原则，开展如下三项培训。

1. 岗前培训，该项培训由人事行政部开展，它是新员工入职培训的基础。

2. 岗位业务知识培训，该项培训由客房部经理指派相关的业务主管开展。

（续）

3．带教见习，该项培训一般由领班人员负责。

第12条　岗前培训，应让新员工了解本酒店的组织结构、自己在组织中的角色、所从事工作的重要性及晋升机会等。具体内容如下表所示。

客房部新员工岗前培训内容一览表

培训项目	培训内容
酒店发展	1．酒店的发展历程 2．酒店的发展目标和规划 3．酒店发展对员工个人提出的要求
酒店组织结构	1．酒店的组织结构 2．酒店高层管理人员介绍 3．酒店各部门的主要职责、工作中的联系 4．酒店的规章制度和工作流程
酒店待遇	1．员工福利待遇的定位 2．员工的培训和发展机会
酒店日常管理	1．客房服务 2．个人卫生和仪容仪表要求 3．防火安全

第13条　各业务主管是新员工的岗位业务知识培训的主要负责人，通过指导自学、讲授等方法，向新员工传授下表中所列的内容，达到"应知"的目的，考核成绩报人事行政部备案。

客房部新员工岗前业务知识培训内容一览表

培训项目	培训内容
了解客房部	1．客房部的工作职能与工作目标 2．客房部的组织结构及具体岗位的职责 3．客房服务中心、楼层服务、公共区域服务、洗衣房、布草房的工作事项 4．客房部的有关服务政策、规章制度、操作程序、服务规范与标准 5．客房部、本岗位与酒店其他部门、其他岗位之间的关系
了解本岗位	1．本岗位工作职责和工作事项 2．本岗位工作目标和工作汇报对象 3．本岗位工作的标准和工作评估方法 4．本岗位在客房部和酒店中的定位和角色

（续）

培训项目	培训内容
了解工作环境	1. 员工通道、更衣柜及员工宿舍管理 2. 员工饭卡、工服、名牌、员工证以及员工手册的使用和管理

第14条　领班是新进员工带教见习的主要责任人，新员工通过实习，应达到"应会"的目的。

第15条　试用期满后，人事行政部会同客房部经理开展对新员工的入职培训考核。考核内容主要包括如下五项。

1. 酒店的基本服务设施的位置、操作等。

2. 店规店纪、礼节礼貌。

3. 酒店客房总数及类型，各娱乐场所和餐厅的营业时间。

4. 酒店安全防火知识及灭火器的使用。

5. 新员工业务技能是否达到了合格标准。

第16条　入职培训考核结束后，人事行政部要填写"新员工培训记录表"，对每名新员工的考核情况进行记录，并建立入职培训档案。

第4章　附则

第17条　本制度由人事行政部会同客房部经理共同制定，制度的修订、解释权均归人事行政部。

第18条　本制度未尽事宜，根据国家相关法律法规的规定进行处理。

签阅栏		我已收到《客房部新员工管理制度》（编号：×××），并认真阅读完毕。我同意遵守制度中的相关规定，我也同意酒店有权修改本制度相关内容，所修改的制度经批准通过、开始实行后，我也将严格遵照执行。	
相关说明			
编制日期		审核日期		批准日期	
修改标记		修改处数		修改日期	

二、客房部员工工作制度

制度名称	客房部员工工作制度		受控状态	
			编　号	
执行部门		监督部门	考证部门	

第1章　总则

第1条　为了加强对客房部员工日常行为及服务规范的管理，提升客房部整体服务水平，特制定本制度。

第2条　本制度适用于客房部各岗位工作人员。

（续）

第2章　客房工作人员仪容仪表

第3条　所有员工须整齐穿着酒店制服，制服须干净整洁。未着工装禁止进入客区。

第4条　保持仪容仪表干净、整洁。具体要求如下。

1．手指甲要经常修剪，保持清洁。

2．经常理发，头发梳理整齐。男员工的头发不可长过衣领，女员工的发型须符合酒店要求。

3．不得佩戴夸张的首饰。

第3章　对客服务规范

第5条　见到客人要礼貌地打招呼，尽量以客人的职务相称。

第6条　与客人谈话时要有礼貌，必须使用礼貌用语。

第7条　严禁向客人索要小费或礼品。一经举报，查证属实者将按酒店相关规定接受纪律处分。

第8条　如果发现客人在房间里吵闹、发病或醉酒，立即通知领班或主管。

第9条　非正常工作需要时，未经客人允许，不能开启或进入客人的房间；因工作需要进入客人的房间时，要先敲门，经客人允许后方可进入。

第10条　不得向客人提供有关酒店管理和其他客人的秘密，若有涉及以上内容的问题而必须答复时，则要有礼貌地建议客人向大堂副理咨询。

第11条　对客人的额外要求，应立即报告领班。

第12条　不得私自为客人结账或兑换货币；若客人咨询兑换货币业务时，则应礼貌地指引其至前厅外币兑换处。

第13条　在客人房间做清洁时，不得翻看客人的物品。

第4章　客房部人员工作纪律

第14条　准时上、下班，按时打卡。若遇生病或其他紧急情况，应提前××小时通知主管人员。

第15条　任何人不得委托他人替自己打卡，也不得代其他员工打卡。

第16条　工作时间内，不得在楼道或服务区闲逛，不得随便离开工作岗位。

第17条　严禁在工作时间吸烟、聊天、吃零食、大声喧哗、打架。在工作中与他人有分歧或异议时，可呈报上级主管或部门经理。

第18条　严禁在工作时间睡觉、阅读报纸书刊，禁止接打私人电话以及处理私人事务。

第19条　工作时间内不得看电视、听收音机。在客房清扫时，如客人不在房内，需关电视、收音机，然后再工作，离开客房要关灯锁门。

第20条　不得接听客房内的电话，任何时候都不得使用酒店给客人提供的设施。

第21条　在客房发现任何物品损坏、丢失或其他异常现象，都应立即向领班上报。

第22条　不得扔掉客人未放在垃圾桶内的物品。对于垃圾桶内的纸团、大件物品，也应予以检查，若客人在房间，应让客人确认后再进行打扫。

第23条　不要私自摆弄电器，将任何可能引起伤害的工作情况如实上报。

（续）

第24条　清洁房间时，将脏布草撤出后立即放入工作车上的脏布草袋中，不得将脏布草放在地毯上，对已坏或有污剂的布草，要立即更换并报告领班。

第25条　在下午两点半前，若发现有无法清扫的客房，需立即报告领班。

第26条　工作前、下班后要将工作车清理干净，物品摆放整齐。

第27条　在酒店任何地方看到杂物须立即拾起，不得在楼道或其他地方扔废纸和垃圾。

第28条　在任何场所拾获他人遗失物品时，均不得私自保留，应立即上交领班或客房服务中心，并进行登记。

第5章　客房部安全管理纪律

第29条　当值期间，不得带陌生人到酒店，更不得为陌生人开启客房门。

第30条　不得带万能钥匙离开酒店，更不得把楼层万能钥匙借给任何人，违反者要承担相关的责任并接受处罚。

第31条　除有部门主管所签的通行证外，不允许将酒店财物和客人行李带出酒店。上班时间不得离开酒店。

第6章　附则

第32条　本制度由客房部制定，并由客房部经理负责解释、修订工作。

第33条　本制度报酒店总经理审批确认后，自颁布之日起生效实施。

签阅栏		我已收到《客房部员工工作制度》（编号：×××），并认真阅读完毕。我同意遵守制度中的相关规定，我也同意酒店有权修改本制度的相关内容，所修改的制度经批准通过、开始实行后，我也将严格遵照执行。	
相关说明			
编制日期		审核日期	批准日期
修改标记		修改处数	修改日期

三、客房部员工考勤制度

制度名称	客房部员工考勤制度		受控状态	
			编　号	
执行部门		监督部门	考证部门	

　　第1条　员工必须按时上下班，在进出酒店时打卡，各区域领班记录考勤时要结合打卡记录与各区域员工考勤的实际情况。

　　第2条　员工考勤监督实行按级负责制，班组员工的考勤由领班负责，领班的考勤由主管负责，以此类推。考勤记录在酒店统一印制的员工考勤卡上。

（续）

第3条　员工考勤卡每月汇总，由各部门指派的专人负责统计，并填写员工出勤情况月报表，报客房部经理审阅认可后，汇总报人事行政部，作为编制员工工资表和发放员工工资的依据。

第4条　员工考勤的项目主要包括正常出勤、迟到、早退、旷工、病假、事假、丧假、婚假、产假、探亲假、工伤假、法定假、哺乳假、年度休假和调休等。

第5条　员工应严格遵守劳动纪律，工作时间必须严守岗位，不得擅离职守和无故早退；下班后不得在店内无故逗留；尽量不调换班次，如必须调换班次，则应事先征得上级领导的同意。

第6条　员工因病请假必须持有酒店医务室或医院出具的病假证明，方可按病假办理。

第7条　员工因私事请假（包括婚事、丧事、探亲等）均应事先提出申请，经领班或主管批准；各区域主管请假须经客房部经理批准。

签阅栏	我已收到《客房部员工考勤制度》（编号：×××），并认真阅读完毕。我同意遵守制度中的相关规定，我也同意酒店有权修改本制度的相关内容，所修改的制度经批准通过、开始实行后，我也将严格遵照执行。		
相关说明			
编制日期	审核日期		批准日期	
修改标记	修改处数		修改日期	

四、客房部安全管理办法

制度名称	客房部安全管理办法		受控状态	
			编　　号	
执行部门		监督部门	考证部门	

第1章　总则

第1条　为了加强客房部各专业组员工的安全意识，深入落实酒店的安全管理工作，向客人提供优质的服务以及安全保障，特制定本办法。

第2条　本办法适用于酒店客房、公共区域、洗衣房、布草房等区域的安全管理。

第2章　员工安全守则

第3条　员工必须自觉遵守酒店的规章制度，自觉接受酒店和部门组织的防火、防盗、防破坏、防自然灾害事故等宣传教育及保安业务培训和演练。

第4条　员工应掌握需要使用的各类设备和用具的性能，严格按操作规程或使用说明正确操作，同时做好日常的维护保养工作，保障自身和设备的安全。

第5条　员工应熟悉工作岗位周围的环境、安全出入口的方位和责任区内消防、治安设备安装的位置及使用方法。

（续）

第 6 条　员工应熟悉火灾、治安事件防范的基本常识，遇突发事件，应保持镇静，并按火灾事故紧急处理办法和工作流程妥善处理。

第 7 条　员工有义务督促客人或其他员工做好各项安全工作，有问题互相纠正或上报上级。

第 8 条　不与客人的小孩耍逗，发现有小孩玩水、玩火、玩电，要及时加以劝阻，避免意外事故发生。

第 9 条　不得将亲友或无关人员带入工作场所，不得在值班室或值班宿舍留宿客人。

第 10 条　下班前，各岗位员工都要认真检查，消除安全隐患，确保酒店及客人的生命财产安全。

第 3 章　客房安全管理细则

第 11 条　员工应严格执行客房服务工作规范，在清洁客房时，应登记进房和离房时间，及时记录客房信息。

第 12 条　在客人退房离店时，应及时检查，发现客人有任何异常情况时要及时报告。

第 13 条　检查客房时，发现挂有"请勿打扰"牌及已插上双锁插销的客房，应按客房服务相关规范妥善处理。

第 14 条　员工在工作中要严密注视客房与楼层动态，发现异常情况或安全隐患时，要跟踪监视并报告，或提醒其他服务人员注意，予以纠正。

第 15 条　公共区域保洁员和绿化人员的工作安全防范措施如下。

1．按操作规程正确使用各种设备用具。

2．严禁私拉、私接电线。

3．在登高作业时，要有防护措施。

4．在对地面进行打蜡工作时，要设置护栏和放置防滑告示牌。

第 4 章　洗涤安全管理细则

第 16 条　洗衣房和布草房的洗衣工在开机前，均须检查衣物洗涤设备的安全性能。

第 17 条　操作和运转机械设备时，要做到人不离机，严禁出现与其他人闲聊、披散头发等有碍操作和安全的行为。

第 18 条　机械设备出现故障时，必须先停机、后排除故障，并及时报修，经维修人员维修确认可以使用后方能开机。

第 19 条　在对机械设备进行维修、保养时，电闸处必须先挂上"禁止合闸"的警示牌。

第 20 条　不得私自拆修、改动、调校机械设备的电源、传运部位和蒸汽元件等，如发现蒸汽元件及管道出现故障或有破漏时，应立即报告领班或主管，以便及时报工程部维修人员处理。

第 21 条　在清洁洗衣房及布草房时，电闸箱必须用干抹布擦抹，切忌使用湿布，以防触电。

第 22 条　在打扫洗衣房及布草房的卫生时，不得用水冲洗地板，以免发生漏电事故。

第 23 条　严禁在工作场地吸烟或堆放易燃物品以及随意乱动消防器材。

第 24 条　洗衣房与布草房员工工作结束时要检查水、电、蒸汽，关紧开关，关上门窗。存放各类布草的仓库要有专人负责，门钥匙由专人保管。

（续）

<table>
<tr><td colspan="5" align="center">第 5 章　附则</td></tr>
<tr><td colspan="5">　第 25 条　本办法由客房部制定，上报客务总监审核、总经理审批，修订时亦同。</td></tr>
<tr><td colspan="5">　第 26 条　本办法自批准颁布之日起生效。</td></tr>
<tr><td>签阅栏</td><td colspan="4">　　　我已收到《客房部安全管理办法》（编号：×××），并认真阅读完毕。我同意遵守办法中的相关规定，我也同意酒店有权修改本办法的相关内容，所修改的办法经批准通过、开始实行后，我也将严格遵照执行。</td></tr>
<tr><td>相关说明</td><td colspan="4"></td></tr>
<tr><td>编制日期</td><td>审核日期</td><td></td><td>批准日期</td><td></td></tr>
<tr><td>修改标记</td><td>修改处数</td><td></td><td>修改日期</td><td></td></tr>
</table>

五、客房部工作例会管理制度

<table>
<tr><td rowspan="2">制度名称</td><td rowspan="2" colspan="2" align="center">客房部工作例会管理制度</td><td>受控状态</td><td></td></tr>
<tr><td>编　号</td><td></td></tr>
<tr><td>执行部门</td><td></td><td>监督部门</td><td>考证部门</td><td></td></tr>
</table>

第 1 章　总则

　第 1 条　为了提高客房部各类会议的效率，做好会议管理工作，特制定本制度。

　第 2 条　本制度主要适用于下列各类会议的管理：客房部部门工作例会、客房各区域工作例会、班组工作例会等。

第 2 章　客房部部门工作例会

　第 3 条　客房部部门工作例会由客房部经理或客房部经理助理主持。

　第 4 条　客房部部门工作例会与会人员包括各区域主管。

　第 5 条　客房部部门工作例会每周或每两周举行一次。

　第 6 条　客房部部门工作例会的主要内容如下。

1. 各区域主管简要汇报上周或过去两周内的工作计划完成情况及存在的问题。

2. 客房部经理或经理助理对上周或过去两周内的经营情况、成本费用、服务质量等做出总结及分析。

3. 客房部经理向各区域主管发放新的工作计划及相关要求。

第 3 章　各区域工作例会

　第 7 条　各区域工作例会由各区域主管主持。

　第 8 条　各区域工作例会的与会人员包括各区域的领班。

　第 9 条　各区域工作例会每周或每两周举行一次。

　第 10 条　各区域工作例会的主要内容如下。

1. 听取领班的工作汇报，研究过去一周或两周内的经营情况及出现的问题。

（续）

2. 传达客房部经理的工作精神，布置具体工作内容与实施时间。

第4章　班组工作例会

第11条　班组工作例会由各区域领班主持。

第12条　班组工作例会的与会人员包括各区域员工。

第13条　班组工作例会通常在每天班前或班后举行。

第14条　班组工作例会的主要内容如下。

1. 布置具体工作任务及安排分工，交代要求与须注意的问题。

2. 检查员工仪容仪表，有问题及时纠正。

3. 对工作进行讲评，表扬和批评相关员工，激励员工工作。

第5章　会议纪律要求

第15条　客房部经理应指定专人负责所有会议的考勤和记录整理工作，包括会议纪要的发放工作。

第16条　所有必须出席会议的人须准时出席，不得无故缺席。

第17条　出席会议人员应清楚各种会议的目的、性质等，提前准备会议所需的各种资料。

第18条　所有出席会议人员应就有关情况作必要记录，遵守会议秩序和纪律。

签 阅 栏		我已收到《客房部工作例会管理制度》（编号：×××），并认真阅读完毕。我同意遵守制度中的相关规定，我也同意酒店有权修改本制度的相关内容，所修改的制度经批准通过、开始实行后，我也将严格遵照执行。	
相关说明			
编制日期		审核日期	批准日期
修改标记		修改处数	修改日期

六、客房部服务质量管理制度

制度名称	客房部服务质量管理制度		受控状态	
			编　　号	
执行部门		监督部门	考证部门	

第1条　为规范客房部服务质量的管理，明确服务质量管理的内容，特制定本制度。

第2条　客房部服务质量管理工作实行"逐级向上负责，逐级向下考核"的质量管理责任制，其执行、监督主体主要是客房部各区域的负责人与酒店质检工作的主要负责人。

第3条　对客房部服务质量的检查，通过客房部各区域自查、客房部经理（或经理助理）不定期抽查、各区域交叉检查的方法进行。

第4条　在客房服务质量管理的过程中，客房部经理（或经理助理）、客房部各区域负责人必须

（续）

实做好各岗位工作人员的管理工作。

1．加强对员工岗位业务的培训，提高员工业务技能。

2．关心员工的思想和生活，帮助员工解决困难，使员工焕发出对工作的热情。

第5条　客房部经理（或经理助理）、客房部各区域负责人应认真履行监督、检查的职责，把好质量关。要坚持对服务现场的管理，按照工作规范和质量标准，加强服务前的检查、服务中的督导、服务后的反馈和提高等工作。

第6条　客房部各区域负责人应坚持"走进现场"的管理方式。除参加会议和有其他非现场工作任务外，应坚持在服务现场进行巡视、检查和督导工作，并将巡查情况、所发现的问题、采取的措施与处理意见及时记录，报客房部经理（或经理助理）审阅，每月汇总分析整理，形成书面报告。

第7条　客房部各区域负责人应经常征询客人的意见，重视客人的投诉。对客人的投诉要认真研究，积极采纳，逐级上报，并采取积极的态度妥善处理。

第8条　客房部各区域负责人要主动接受上级检查人员的监督、检查，积极参加酒店召开的质量工作会议，按照酒店及客房部的工作部署认真做好服务工作。

第9条　客房部服务质量管理工作应列入客房部日常工作议事日程，列入客房部工作例会的议事内容。

签阅栏		我已收到《客房部服务质量管理制度》（编号：×××），并认真阅读完毕。我同意遵守制度中的相关规定，我也同意酒店有权修改本制度的相关内容，所修改的制度经批准通过、开始实行后，我也将严格遵照执行。		
相关说明				
编制日期		审核日期		批准日期
修改标记		修改处数		修改日期

七、客房部人事管理制度

制度名称	客房部人事管理制度		受控状态	
			编　号	
执行部门		监督部门	考证部门	

第1条　为了改善客房部用人规范，提高客房部用人效率，特制定本制度。

第2条　劳动定员管理，具体内容如下。

1．定员定编是合理配备人员的数量界限和依据，应从服务和工作的实际需要出发，坚持以合理的、精简的原则编制，之后要经人力资源部审核，报酒店总经理审批。

2．定员核定以后应保持相对稳定，如情况变化需作调整时，应及时提出增减计划，并做到申报理由充分，人员增减合理。

（续）

3. 为了保持定员的合理水平，当营业繁忙而劳动力无法平衡时，可向人力资源部提出申请，临时招用劳务工或实习人员。

第3条 人员调配管理，具体内容如下。

1. 员工调配和招聘统一由人力资源部负责。

2. 因实际人员少于定编而需要增补时，应填写人力资源部统一印制的人员增补计划。

3. 技术工人改变工种或专业人员调动均应与人力资源部商议，报酒店总经理批准。

第4条 员工技术等级考核和专业职称评定管理，具体内容如下。

1. 员工技术等级考核按国家颁布的《工人技术培训考试大纲》要求实施，技术等级须按不同专业（工种）统一划分为初、中、高三个等级。

2. 初级工和中级工由酒店员工技术等级考核委员会组织考核，或委托专业单位进行。

3. 技术考核的评分标准由"应知""应会"和平时成绩三个方面组成，总分为100分，其中"应知"占30%，"应会"占50%，平时成绩占20%。

4. 在本部门工作满1年的员工均可参加技术等级考试，优秀员工可参加酒店提高一个技术等级的考核。部门和管区应负责提供有关专业（工种）的应考人员名单，并做好考核前的培训工作。

5. 员工在日常考核中，因业务技术差而完不成任务，经管区和部门研究讨论，报酒店考核委员会批准，可下调其技术等级。

6. 技师和高级技师等高级工的考核工作，按当地劳动部门的规定进行。

7. 员工专业技术职称的评定和考核工作在总经理领导下进行，部门和各管区应协助人力资源部做好摸底调查及申请职称员工的资格核定工作，并在职称评定和考核中积极做好员工的思想工作。

第5条 员工档案管理，具体内容如下。

1. 员工档案分人事档案和工作档案。人力资源部统一管理人事档案，并负责材料的搜集、鉴别、保管、利用和传递。部门员工必须按酒店规定，准确填写员工登记表并如实反映个人情况；员工家庭地址和电话号码变更，家庭人口、婚姻状况和教育程度变化等情况，均应及时向部门和管区领导报告，并由部门转报人力资源部备案。

2. 员工工作档案由部门负责管理，从员工进店工作开始，记录员工的个人经历、工作表现、业务教育培训和奖惩等情况。各管区应配合做好材料搜集和登记工作，以保证员工工作档案的准确和完整。若员工跨部门调动，其工作档案也随之转移。员工因故离开酒店，其工作档案不作转移，由人力资源部按规定处理。

签阅栏		我已收到《客房部人事管理制度》（编号：×××），并认真阅读完毕。我同意遵守制度中的相关规定，我也同意酒店有权修改本制度的相关内容，所修改的制度经批准通过、开始实行后，我也将严格遵照执行。
相关说明		
编制日期	审核日期	批准日期
修改标记	修改处数	修改日期

八、客房部消防安全责任书制度

制度名称	客房部消防安全责任书制度		受控状态	
			编　号	
执行部门		监督部门	考证部门	

为进一步促进酒店消防安全管理工作，明晰客房部所有员工的消防安全管理责任与义务，特制定本制度。本制度的主体内容以《消防安全责任书》的形式来体现。

1. 严格遵守退房检查制度。凡客人退房，当值服务人员必须检查该房间，否则，若因未及时查房，而使客人退房离开酒店，事后发现房间设备、物品有损坏或遗失，没能发现烟火隐患及其他异常情况所引起的后果，由当值服务人员负责并赔偿。

2. 严格遵守巡楼检查制度。楼层服务人员应定期巡查责任区域，主要从以下五个方面开展检查工作。

（1）楼层内是否有闲杂人员。

（2）是否存在烟火隐患，消防器材是否可以正常使用。

（3）门、窗是否已上锁或关闭。

（4）客房内是否有异常声响及其他情况，劝导闲杂人员离开楼层。

（5）设备、设施是否损坏。

若因值班服务人员不能遵守巡楼检查制度而造成不良后果，则责任自负，并按规定接受处罚。

3. 当遇到行凶、抢劫、斗殴，或发现爆炸可疑物品、发生爆炸事件等，应立刻通知酒店保安人员。若因值班服务人员通知不及时而造成事态扩大，则负主要责任，并按规定接受处罚。

4. 责任区域发生火警，应立即报告消防中控室，并向上级汇报，同时控制现场。若因值班服务人员工作责任心不强，造成火情扩大，则对此次火灾负主要的责任。

5. 严格遵守交接班制度。当班时认真填好各项内容，交接时，以书面内容为准。若因交班不清而造成事故的，由交班人员负80%责任，当值领班负20%责任。

6. 保洁人员应严格遵守岗位职责，按工作流程开展工作，保证公共区域的卫生，所负责的区域无油迹、无污迹，玻璃门及器具完好，垃圾筒内无大量垃圾、无危险品及明火存在，花木装饰物等无破损、无污染。若因工作不细致而造成事故，保洁人员承担60%责任，当值领班承担40%责任；若属交接不清原因，则责任双方均需承担。

7. 严格遵守客房安全操作规程，若违章操作而造成伤亡，一切责任自负；若造成酒店财产损失，则照价赔偿。

8. 加强自我安全防范意识，不要轻信客人的花言巧语而失去警戒。若因自己行为不端，或客人行为动机不纯时仍不报警，则一切后果自负，与酒店无关。

9. 确保所辖责任区域设施、设备的安全，严防被盗。若因监护不力造成物品流失，则照价赔偿；发现电器设备有不安全隐患时应及时报修，否则后果自负。

10. 部门经理应按酒店各项规章制度严格要求本部门员工，若因督导不严，管理不到位，导致发生有关责任事故时，部门经理负 60% 责任。

11. 部门主管、领班应在班前会上强调本班的工作任务和安全注意事项。若因工作安排不当，工作失误，导致出现责任事故时，则主管负 60% 责任，领班负 40% 责任。

12. 员工若因维护酒店利益，致使名誉、身体受到伤害时，酒店应根据国家有关规定给予赔偿。

13. 对不能正常运转或运转异常的设备应立即停机，及时报工程部维修。否则，一旦出现安全事故，责任自负。

14. 部门经理为本部门的防火安全责任人，若部门出现责任事故，则由本部门的防火责任人负责。

15. 本责任书一式两份，同具法律效力。本责任书自 ×××× 年 ×× 月 ×× 日起，至 ×××× 年 ×× 月 ×× 日有效。

酒店负责人：　　　　　　　　　　　　　　　　　　部门负责人：

　　　　　　　　　　　　　　　　　　　　　　　　部门全体人员：

___年___月___日　　　　　　　　　　　　　　　　　___年___月___日

签阅栏		我已收到《客房部消防安全责任书制度》（编号：×××），并认真阅读完毕。我同意遵守制度中的相关规定，我也同意酒店有权修改本制度的相关内容，所修改的制度经批准通过、开始实行后，我也将严格遵照执行。
相关说明		
编制日期		审核日期		批准日期	
修改标记		修改处数		修改日期	

岗位职责
+
绩效标准

工作程序
+
关键问题

执行技巧
+
解决方案

常用文书
+
工作表单

第二章

客房服务中心精细化管理

第一节　客房服务中心岗位描述

一、客房服务中心岗位设置

客房服务中心岗位设置	人员编制
客房部经理	经理级＿人
客房服务中心主管　楼层主管　公共区域主管　洗衣房主管　布草房主管	主管级＿人
日常用品管理员　安全检查员	专员级＿人
相关说明	

二、客房服务中心主管岗位职责

岗位名称	客房服务中心主管	所属部门	客房部	编　号	
直属上级	客房部经理	直属下级	日常用品管理员 安全检查员	晋升方向	
所处管理位置	客房部经理 客房服务中心主管 日常用品管理员　　安全检查员				

（续表）

职责概述	在客房部经理的领导下，负责对客服务的物资管理与客房部的安全管理工作	
职责	**职责细分**	**职责类别**
1. 物资管理	（1）负责客房用品、员工用品的申领工作以及固定资产的注册，保证准确无误	周期性
	（2）指导、检查日常用品管理员做好物资的发放工作	日常性
	（3）负责每月物资盘点工作并及时上报各项统计资料	周期性
	（4）监督客房物资的使用和消耗情况，及时编制客房物资消耗定额，并报客房部经理、财务部经理审核	日常性
	（5）负责客房部成本核算工作，每月向客房部经理汇报汇总的情况	周期性
2. 安全管理	（1）负责保管、分发客房部各区域的钥匙	日常性
	（2）负责督导、检查客房部区域的安全工作，对违反安全条例的行为立即制止	日常性
	（3）楼层若发生事故，要马上通知上级及相关部门	特别工作
3. 处理客人遗留物品	按程序接收、登记、存放、上交客人遗留的物品，及时与前厅部相关人员联系	特别工作
4. 员工管理	负责督导、检查和考核客房服务中心人员的工作质量，并对其工作表现进行奖惩	日常性

三、日常用品管理员岗位职责

岗位名称	日常用品管理员	所属部门	客房部	编　号	
直属上级	客房服务中心主管	直属下级		晋升方向	
所处管理位置					

（续表）

职责概述	主要负责客房各项物资的领用与发放，以及财产和资料的日常管理，按客房设施设备巡检计划检查客房设施设备，并做好记录	
职责	职责细分	职责类别
1. 客房设施设备日常管理	（1）按客房设施设备巡检计划开展检查工作，并记录，逐级呈报工程部以便安排客房设施设备的维修及保养工作	日常性
	（2）接到客房服务员上报的维修项目，按程序填写《报修单》后按工作程序送交工程部	特别工作
	（3）加强部门间横向联系，配合工程部对客房所属设备进行检查、保养维护，保证设备正常运行	日常性
2. 客房部物资管理	（1）及时掌握客房部物资的使用情况，负责客房客用品及各类清洁用品的申领、发放，并做好相关记录	日常性
	（2）负责制订办公用品申领计划及其领取和保管	周期性
	（3）负责客房用品、消耗用品、清洁用品、食品等物品的盘存	周期性
	（4）负责客房部所有财产的管理并做好物品分类账	周期性
3. 其他工作	（1）负责填写客房工作需要的各种表格和单据	日常性
	（2）负责部门报表、资料档案及文件的归档、保管	日常性
	（3）负责对客人遗留物品的登记、保管与发放工作	日常性
	（4）完成上级临时分派的有关工作	特别工作

四、安全检查员岗位职责

岗位名称	安全检查员	所属部门	客房部	编号	
直属上级	客房服务中心主管	直属下级		晋升方向	
所处管理位置	客房部经理 客房服务中心主管 日常用品管理员　　安全检查员				

（续表）

职责概述	负责检查、维护客房部区域的安全，保证住客的生命财产安全	
职 责	**职责细分**	**职责类别**
1. 安全巡查	（1）勤巡查楼层，发现问题及时报告、及时解决	日常性
	（2）盯住楼层出入口，禁止无关人员进入楼层或客房；对已进入的人员，要礼貌地劝其离开，或补办好手续后方可准其进入	日常性
	（4）检查客房安全情况，看是否存在不安全因素，如客人离开房间后是否锁好房门；检查房间通道是否存在不安全的因素	日常性
	（5）晚上12时后，协助客房服务员通知住店客人的访客尽快离开房间，检查防火安全门、楼梯门是否打开	日常性
	（6）及时处理违反酒店规定，在楼层或房间闹事、斗殴、损坏客房设施的情况，必要时请安保部前来解决	特别工作
2. 事故处理	（1）定期发放宣传防火、防盗等事故的预防材料，预防事故发生	周期性
	（2）楼层若发生事故时，如火警、凶杀、爆炸等，应尽快报告上级，迅速组织客人疏散，参与事故处理与抢救工作，防止事态扩大	特别工作
	（3）对发生的事故及时记录，总结原因，避免类似事故再次发生	特别工作

第二节　客房服务中心岗位绩效考核量表

一、客房服务中心主管绩效考核量表

序号	考核内容	考核指标及目标值	考核实施	
			考核人	考核结果
1	负责客用品、清洁用品等物资的领取与发放工作	物资领取、发放手续齐备率达____%		
2	负责客用品、清洁用品等物资的盘点工作	按时进行盘点，盘点结果差错率控制在____%以内		
3	及时编制客房物资消耗定额	客房物资消耗定额编制合理，上交及时率达____%（通常为100%）		

（续表）

序号	考核内容	考核指标及目标值	考核实施	
			考核人	考核结果
4	检查安全工作	安全事故发生率控制在＿＿％以下		
5	培训下属员工	员工培训考核达标率达＿＿％		

二、日常用品管理员绩效考核量表

序号	考核内容	考核指标及目标值	考核实施	
			考核人	考核结果
1	及时将设备维修单上报工程部	设备维修单上报及时率达＿＿％		
2	负责客房各项物资的领用与发放	领用和发放有条理，出错率控制在＿＿％以下		
3	及时制订客房物资申购计划	物资空缺时间不得超过＿＿天		
4	定期盘点客用品、消耗品等物资	盘存出错率控制在＿＿％以下		
5	负责做好客房物资分类账	账物一致，偏差率不超过＿＿％		

三、安全检查员绩效考核量表

序号	考核内容	考核指标及目标值	考核实施	
			考核人	考核结果
1	劝说无关人员离开客房区域	劝说成功率达＿＿％以上		
2	劝阻打架斗殴等事件	劝阻成功率达＿＿％以上		
3	发放预防事故资料，在最大程度上杜绝各类安全事故的发生	安全事故发生率控制在＿＿％以下		

第三节　客房服务中心工作程序与关键问题

一、物资发放程序与关键问题

物资发放工作程序	工作目标
	1. 快速办理物资发放手续，确保物资发放及时率达____% 2. 对已发放的物资，及时登账，确保物账相符

	关键问题点
	1. 核对"领料单"，检查以下事项 　（1）核对库存物资的品种、规格是否齐全，符合使用部门的领用要求 　（2）物资的库存数量是否足够 　（3）物资的库存质量有无问题 　（4）领用的物资数量是否超出酒店及客房部编制的物资消耗定额 　（5）核对有无部门最高负责人的签字 2. 要经常巡查仓库，整理库存物资，对于已接近库存最低限额的物资，应及时填写采购申请单，申请备货

物资发放工作程序流程图：

开始

↓

收取客房部各区域"领料单"

↓ ①

核对"领料单"

↓

现场清点部门领取数量

↓

根据实发数量填写"领料单"实发栏

↓

及时进行账目登记

↓ ②

整理库存和物资，做到账物相符

↓

结束

二、物资盘点程序与关键问题

物资盘点工作程序	工作目标
	1. 及时开展物资盘点工作 2. 盘点账目清晰，准确无误

物资盘点工作程序流程图：

开始
↓
每月最后一次发放完物资后开始盘点
↓
召集各区域主管
↓
按实点数，及时填制"盘点工作报表" ①
↓
编写《客房物资支出费用报告》
↓
请客房部经理审核《客房物资支出费用报告》
↓
将《客房物资支出费用报告》送交财务部
↓
将盘点工作资料存档
↓
结束

关键问题点

1. "盘点工作报表"要如实地记录盘点品种、原库存量、本月领用量、本月发出量、报废耗损量、余量、各类物资的单价与总价等

三、客房钥匙管理程序与关键问题

钥匙管理工作程序	工作目标
开始	1. 确保安全、正确地保管及使用酒店客房钥匙 2. 客房钥匙丢失或不当使用率控制为____%
① 客房服务中心主管掌管钥匙	
② 主管指导领用人填写"客房钥匙领用表"	**关键问题点**
③ 发放领用人所需的钥匙	1. 客房服务中心掌管的钥匙主要包括客房总钥匙及客房部区域内各库、柜、抽屉的钥匙 2. 领用客房钥匙时，领用人要填写"客房钥匙领用表"，注明领用时间和钥匙的名称、范围、数量，并签名，在押工作证件后，方可领用 3. 各级人员领用各自的钥匙 （1）主管领用管辖区域及工作间钥匙 （2）员工领用服务区域及工作间钥匙
督促领用人按时归还钥匙	
及时追回到期未还钥匙	
收回时，请领用人在钥匙领用本上签字	
做好钥匙使用记录	
结束	

四、意外火情处理程序与关键问题

意外火情处理工作程序	工作目标
	处理及时，确保客人的安全

意外火情处理工作程序流程图：

开始 → 发生火情，迅速了解情况 → ① 立刻通知安保部，告知具体情况 → ② 搬离可燃物，协助灭火 → 如火势仍未得到控制，立即报警 → 第一时间疏散起火地点周围客人 → 逐个房间通知客人并疏散 → ③ 检查房间 → ④ 阻止客人再进入危险地带 → 在确定客人已全部撤离后立刻离开 → 事故处理记录，分析原因 → 结束

关键问题点

1. 要讲明着火的位置与房间号，简单介绍火灾起因、火势情况、报警者的姓名及工号
2. 搬离周围可燃物与贵重物品，然后到洗手间拿湿毛巾或湿被褥及时覆盖初起的火苗，取就近的灭火器材将火扑灭
3. 逐个房间进行检查
   （1）随身带一支粉笔，检查完一间，做一个记号
   （2）检查是否有客人因行动不便或没有听到疏散通知而留在房间
   （3）检查是否有客人遗留的未灭烟头
4. 劝说、阻止客人进入有危险的房间或乘坐电梯，清点撤离的客人数并及时上报

五、意外跑水处理程序与关键问题

意外跑水处理工作程序	工作目标
	及时找到原因，确保酒店和客人的财产不受损失

```
        开始
          ↓
   接到意外跑水通知
          ↓
通知工程部，并立即赴现场检查
          ↓                    ①
安排人员控制积水，并协助处理
          ↓
将贵重物品搬离跑水地点，保护财物
          ↓
情况严重的要立刻报告上级并控制现场
          ↓
向工程部问明原因，预防再次发生
          ↓
若财物受损，及时向财务部申报保险
          ↓
   编制并提交事故报告
          ↓
        结束
```

关键问题点

1. 及时地用吸水机将多余的水吸走，然后用足够多的报废棉织品将遗留的水分擦拭干净

第四节　客房服务中心服务标准与服务规范

一、物资领取与发放规范

酒店客房部服务标准与服务规范文件		文件编号		版本	
标题	物资领取与发放规范	发放日期			

1. 目的

客房服务中心应按规范领取客房物资，并遵照下列规范做好物资的发放与盘点工作。

2. 客房物资的领取

客房服务中心需领取客房部客用品、日常消耗品等物资时，须提前编制领用计划，并于周末根据现有的存量、上一周的消耗量以及下一周的酒店入住率预测表开出"领物单"，报酒店相关仓库准备。

3. 客房物资的发放

（1）根据楼层领班统计的数字，日常用品管理员每天上午向各楼层发放每日需补充的物资，并由楼层领班签收。

（2）发放物资时，要凭客房部楼层主管签字的"领物单"（包括日期、名称、规格、型号、数量、单价、用途等）进行发放。

4. 客房物资的盘点

每月底，配合财务部、采购部对客房服务中心的临时仓库进行盘点，并根据各种物资的单价、各楼层的全月领用数量，计算各楼层全月物资的消耗金额，从而得出各楼层当月每天每间客房的平均消耗费用。

签阅栏		签收人请注意，您在此签字时，表示您同意以下两点内容。 1. 本人保证严格按此文件要求执行。 2. 本人有责任在发现问题时，第一时间向本文件审批人提出修改意见。	
相关说明			
编制人员		审核人员	审批人员
编制日期		审核日期	审批日期

二、客房钥匙管理规范

酒店客房部服务标准与服务规范文件		文件编号		版本	
标题	客房钥匙管理规范	发放日期			

1. 为了妥善保管客房钥匙，按规定正确领取、使用、收回客房的钥匙，特制定本规范。

2. 平时所有的钥匙必须锁在保险箱中。

3. 客房服务员每天上午 6：00 领取楼层客房的万能钥匙和楼层工作间的钥匙，晚 22：00 送回，并在"客房钥匙交接表"上签字。

4. 客房钥匙领用人领用钥匙时，必须详细填写领用时间、钥匙号码、领用数量和自己的姓名，签名后要负责钥匙的使用与保管工作。

5. 晚 22：00 以后，不准随意领用楼层客房的万能钥匙和楼层服务间的钥匙。特殊情况需使用时，须经夜班楼层主管签字、批准。

6. 服务员工作期间须做到钥匙不离身，不得乱丢、乱放客房及服务间的钥匙。

7. 钥匙不可带离酒店范围或交与他人。如钥匙领用人因公离店，则领用人须先将钥匙交还客房服务中心，返回酒店时再重新领取。

8. 如发现钥匙损毁，应立即向客房服务中心报告并将损毁钥匙交回，之后领取备用钥匙，再申请重新配制一把备用钥匙。

9. 客房钥匙丢失，须马上报告主管、领班，并要在第一时间内寻找；无法找到时，部门须立即对门锁做相应处理，避免发生安全事故，并处理丢失钥匙的责任人。

签阅栏		签收人请注意，您在此签字时，表示您同意以下两点内容。 1.本人保证严格按此文件要求执行。 2.本人有责任在发现问题时,第一时间向本文件审批人提出修改意见。			
相关说明					
编制人员		审核人员		审批人员	
编制日期		审核日期		审批日期	

三、客房设备管理规范

酒店客房部服务标准与服务规范文件		文件编号		版本	
标题	客房设备管理规范	发放日期			

1. 目的

为了保障客房设备的正常运转，切实为住店客人的生活、工作提供方便，特制定本规范。

（续）

2. **适用范围**

本规范适用于指导客房服务中心主管及各楼层客房服务员在客房设备管理方面的工作。

3. **建立客房设备档案**

（1）掌握客房装修资料，熟悉酒店的客房类型、分布情况及客房内各种设备布置情况等。

（2）建立客房设备历史档案，内容包括房号、类型、配备设备、装修或启用日期、维修保养记录等，按照设备材料、布置情况分类记录。

4. **做好客房设备的日常管理**

（1）制定设备定期保养制度，根据设备的不同分类制定相应的保养制度。

（2）制定赔偿制度，从客人和员工损坏设备两个角度规范赔偿的具体办法。

（3）培养、提升客房服务员的职业素质，自觉爱护酒店客房内的各项设备，并使其掌握所服务区域内设备的简单维修及保养技能。

（4）定期盘点，做到账物相符。

（5）与工程部及时沟通，按时检修相关设备。

（6）及时申请更新改造破旧的设备。

签阅栏		签收人请注意，您在此签字时，表示您同意以下两点内容。 1. 本人保证严格按此文件要求执行。 2. 本人有责任在发现问题时，第一时间向本文件审批人提出修改意见。			
相关说明					
编制人员		审核人员		审批人员	
编制日期		审核日期		审批日期	

四、客房防盗管理规范

酒店客房部服务标准与服务规范文件		文件编号		版本	
标题	客房防盗管理规范		发放日期		

1. 各楼层的所有服务人员及其他工作人员应严格遵守下列规范，切记做好客房防盗工作，确实保障客人的财产安全。

2. 定时检查客房区域，提高警觉，掌握客人的出入情况，注意观察客人进出时所携带的物品情况。

3. 不可让客人自己进入工作间拿取客用备品或布草。

4. 对客人的访客进行管理，做好住店客人的来访人员登记工作。

5. 充分发挥监控系统的作用，对客房楼道、走道、出入口等进行严格监控，发现不明外来人员应立即向相关人员报告。

（续）

6. 在巡视时，若发现客人房门插有钥匙，要敲门提醒客人收好；若房中无人，可将钥匙拔下，交楼层领班处理。

7. 严格控制客房的各种钥匙，加强钥匙领取及领取后的使用管理。

8. 向每个客人发放防盗知识材料，增强客人的防盗意识。

签 阅 栏		签收人请注意，您在此签字时，表示您同意以下两点内容。 1. 本人保证严格按此文件要求执行。 2. 本人有责任在发现问题时，第一时间向本文件审批人提出修改意见。	
相关说明			
编制人员	审核人员		审批人员	
编制日期	审核日期		审批日期	

五、客房防火安全工作规范

酒店客房部服务标准与服务规范文件		文件编号		版本	
标题	客房防火安全工作规范	发放日期			

1. 为了做好客房的防火安全工作，从各个环节杜绝火灾隐患的出现，特制定本规范。

2. 客房服务中心应定期安排安全检查员参加安保部举办的消防培训，使其掌握必要的安全、消防知识。

3. 安全检查员向各楼层的客房发放防火宣传材料，增强客人防火意识。

4. 客房楼层服务人员、工作人员在发现客人将易燃、易爆、化学毒剂和放射性物品带进楼层和房间的现象时，应及时劝阻。如有劝阻不听或已带入的客人，应及时报告安保部。

5. 客房区域内严禁使用明火（客人在指定吸烟处吸烟除外）。如发现客人使用明火，则服务员须记录客人房号，及时报告领班，并及时劝阻客人。

6. 对房间内配备的电器设备应按规定布置，并随时检查，发现不安全因素如短路、漏电、接触不良、超负荷用电等问题时除要及时采取措施外，还要立即通知工程部检修，并报安保部。

7. 客房各区域工作人员应做好客房防火安全的自查工作。

（1）各区域每天下班前都要进行防火安全自查，并将检查结果记录下来。

（2）检查各消防通道是否畅通，通道内是否堆放杂物。如有则要立即通知责任人前来处理。

（3）检查该关闭的灯、门窗、电器设备电源是否已关闭。

（4）检查客房及公共区域是否有遗留的火种。

8. 在遇有火情时，所有在场的服务人员、工作人员都应按应急方案采取灭火行动，按上级指令疏散客人至最近的消防楼梯撤离到安全地带，并做到逐房检查，注意保护现场和客人的财产安全。

（续）

签 阅 栏		签收人请注意，您在此签字时，表示您同意以下两点内容。 1. 本人保证严格按此文件要求执行。 2. 本人有责任在发现问题时，第一时间向本文件审批人提出修改意见。		
相关说明				
编制人员		审核人员		审批人员
编制日期		审核日期		审批日期

六、客房安全检查工作规范

酒店客房部服务标准与服务规范文件		文件编号		版本	
标题	客房安全检查工作规范		发放日期		

1. 为了做好客房安全检查工作，提高安全检查员的工作效率，特制定本规范。

2. 安全检查员及各区域主管或领班每天都要结合服务工作对所负责的区域进行巡视、检查，发现不安全因素及时处理和报告。

3. 安全检查员每月都要协助安保部人员，对客房部各区域进行一次全面安全检查。

4. 重要节日前夕或有重大活动时，安全检查员需要协助安保部人员及客房部经理或客务总监等对客房部进行巡查。

5. 公安机关、消防监督机关来店进行安全检查时，安全检查员要配合其工作，如实汇报情况。

6. 每次进行安全检查，安全检查员要认真记录，建立安全检查档案。对经检查发现的不安全隐患，要及时或委托安保部向有关部门发出隐患通知书，限期整改。

7. 安全检查员在进行完安全检查后，应根据酒店相关奖惩规定向上级提出奖惩建议。

签 阅 栏		签收人请注意，您在此签字时，表示您同意以下两点内容。 1. 本人保证严格按此文件要求执行。 2. 本人有责任在发现问题时，第一时间向本文件审批人提出修改意见。		
相关说明				
编制人员		审核人员		审批人员
编制日期		审核日期		审批日期

第五节　客房服务中心服务常用文书与表单

一、客房用品月度计划报表

物品名称	单　位	上月库存	本月消耗	本月库存	下月需求	备　注

二、客房用品配备一览表

区　域	位　置	用品名称	数　量	摆放要求	备　注
房　间					
卫生间					

三、客房日用品领用单

日期	名称	规格	型号	数量	单价	用途	领用人签名	领取时间	备注

四、物资盘点报告表

品　名	单　位	原库存量	本月领用量	本月发出量	报废耗损量	余　量	单　价	总　价	盘点人
备　注									

五、万能钥匙交接表

楼　层	领用时间	领用人	发放人	归还时间	归还人	接收人	备　注

统计备用：　　　　　交接时间：　　　　固定数：　　　　　实际数：

万能钥匙：　　　　　白班时间：　　　　开门卡____把　　　开门卡____把

交接数量：　　　　　晚班时间：　　　　封门卡____把　　　封门卡____把

六、客房设备报修单

客房部填写			
申请部门		申请日期	
楼　　层		房　　号	
需修理的设备			
维修问题	1. 2. 3.		
部门经理		报修人	

（续表）

工程部填写			
接单日期及时间		接收人	
需准备维修材料			
工作完成时间及日期		经办人	
审查人		当值工程师	
备　注			

七、客房设备档案表

配备设施	规格特征	制造商	装修或启用日期	维修保养记录
床垫、床架				
床头板				
床头柜				
梳妆台				
书　桌				
沙　发				
茶　几				
行李柜				
台　灯				
床头柜灯				
地　灯				
镜　子				
窗　帘				
地　毯				
其　他				

八、设备维修记录表

房 号	维修项目	申 报			催 办			维修时间	维修结果	维修人	验收人
		时 间	申报人	受理人	时 间	催办人	受理人				
1											
2											
3											
4											
…											

九、客房安全检查表

检验项目	有问题的房间或区域	说 明	备 注	复检合格区域	安全检查员
消防设施					
楼 道					
门					
窗					
地 板					
电 梯					
卫生间					
工作间					
电器设备					
管 道					
其 他					

十、客人遗留物品登记表

日 期			编 号	
捡拾人姓名			上交时间	
物品名称	件 数	估计单价	捡拾地点	备 注
领班意见				
主管意见				
部门经理意见				

十一、客用品日耗统计表

房间门牌号 / 消耗物品名称							
签字笔							
铅 笔							
针线包							
信 纸							
打火机							
便签纸							
垃圾袋							
拖 鞋							
擦鞋纸							
洗衣袋							
卫生纸							
沐浴帽							
香 皂							
牙 刷							

（续表）

洗发液							
沐浴露							
茶叶（绿/红茶）							

填表人：　　　　　　　　　　　　　　　　　联数：一式一联

十二、特殊客用品领用、借用记录表

日　期	房　号	VIP级别	领用或借用物品	楼层领用人	归还日期	归还人	备　注

十三、客人借用物品记录表

日　期	房　号	退房日期	借用物品名称	数　量	借出时间	借用客人签名	收回时间	责任人	时　间

第六节 客房服务中心服务质量提升方案

一、客房用品的管理方案

标 题	客房用品的管理方案		文件编号		版本	
执行部门		监督部门		考证部门		

一、目的

为了保证客房用品的合理使用，有效控制客房用品的消耗量，在提高客人满意度的同时，降低客房运营成本，特制定本方案。

二、适用范围

本方案适用于客房服务员、客房库管员以及客房用品管理工作的相关人员。

三、客房用品配备控制

1. 确定客房用消耗定额

（1）年度消耗定额的制定。以单房配备为基础，确定每天的需求量，然后根据预测的年平均出租率来制定年度消耗定额。其计算公式如下：

单项日用品的年度消耗定额 = 单间房的每天配备数量 × 客房数 × 预测的年平均出租率 ×365

（2）单项日用品消耗定额。客房日用品是每天按照客房物品的配备标准进行配备的，但并非所有日用品都会于当天消耗完，因此，在实际工作中，客房中心管理人员要注意观察，根据日用品消耗情况的统计资料，掌握各种日用品的消耗标准。客房日用品消耗标准可按如下公式计算：

单项日用品消耗 = 客房出租天数 × 每间客房配备数 × 平均消耗率

2. 客房用品配备原则

（1）不同等级、不同规格的客房，客房用品配备种类和规格不尽相同。酒店应根据相关的行业标准，并结合自身的经济状况、星级标准、客群需求等相关因素，合理配备客房用品。

（2）选用客房用品时应符合如下要求。

①实用：客房用品是为了方便客人的住店生活而提供的，因此各类用品应保证其实用性。

②美观、大方：在清洁舒适的客房里布置美观大方的客房用品，是评估酒店档次的重要标准之一。

③适度：客房用品应能体现酒店的档次，并突出酒店风格、特色。

④价格合理：客房用品耗用量大，因此酒店应合理控制用品的价格水平。

四、客房用品采购与保管控制

1. 客房用品采购

（1）客房中心要在每年年初根据上一年度客房用品的消耗情况和本年度的销售预测数据，编制年度客房用品预算。

（续）

（2）客房中心根据年度采购经费以及客房用品项目制订《客房用品采购计划》，在计划中应写明物品种类、质量要求、规格、数量等采购要求。

（3）采购人员接到采购计划后，应先进行市场调研，选择至少三家以上品质好、信誉高、价格合理的供应商所提供的试用样品，根据客人的试用结果，从中选定本年度客房用品的供应商。

（4）客房中心根据客房用品的实际消耗情况、库存水平和订购期，及时通知供应商配送相应的客房用品。

（5）对于定期采购的客房用品，客房部应严格验收，保证品名、规格、质量、数量均符合采购要求，并与封存的样品进行核对。若不符合采购合同以及质量要求，应作退货处理，并追究相关责任。

2．客房用品保管

（1）客房用品储备工作应在确保满足客房需求的前提下，不占用过多的流动资金。客房部总库房至少应储备一个月的客房用品，供各楼层定期补充，并满足楼层因耗用量过大而造成的临时领料。

（2）做好客房用品的保管工作，减少物品的消耗，从而保证在库品的良好周转。

（3）满足客用品的存储条件如下：库房要保持清洁、整齐、干燥；物架应采用开放式，物架与物架之间要有一定的距离，以便于通风；入库物品要按性质、特点、类别分别堆放，及时码垛；加强库房安全管理，做好"四防"，即防火、防盗、防鼠防虫、防霉。

（4）客房用品入库时，库管员应及时做好库房用品账的登记工作，做到"有物就有账，账物必相符"。

（5）遵循"先进先出"的原则，经常检查在库物品的保质期和保存状态，对即将到期的用品应提前上报，以便安排使用。

（6）定期组织盘点工作，对长期滞存、积压的物品应及时上报。

五、客房用品日常管理

1．做好统一领发工作

（1）客房部应规定统一发放用品的时间，以规范客房用品总库房的工作，保证楼层日常工作的顺利进行。

（2）在发放日期之前，楼层各个领班要掌握其所辖楼层的库存情况，并填写"客房用品申领登记表"，然后凭单领取用品。

2．做好统计分析工作

（1）为了避免客房用品的流失，各领班应对用品的消耗情况做好统计分析工作。

（2）客房服务员在每天整理客房时，要对客房主要用品的耗用情况进行统计；然后客房中心主管要对所有楼层的客房用品耗用量作汇总，并认真记录。

3．执行客房用品三级监督管理

客房部对客房用品的日常监督，一般采用三级监督的方法。

（1）客房中心领班对客房服务员的监督，即客房用品的第一级监督。

①客房中心领班通过客房服务员工作记录监督每一位客房服务员领用的消耗品，分析和比较各客

（续）

房服务员、每间客房的平均耗用量。

②服务员按规定的数量和品种为客房配备以及添补用品，并在"客房服务员工作表"上做好登记。领班根据工作记录对客房服务员领用客房用品的情况进行核实，以防止服务员偷懒或将客用品挪作他用。

③领班通过现场指挥和督导，减少客用品的浪费和损坏，并督导和检查服务员的房间清扫工作流程，杜绝服务员的不规范操作。

（2）建立客房用品领班责任制，即客房用品的第二级监督。

①楼层配备客房用品管理人员，做到专人负责。各楼层都要设立客房中心领班，负责楼层客房用品的领发和保管，同时协助楼层领班做好有关清洁、接待工作的监督管理。

②领班每天汇总本楼层消耗用品的数量，并交客房中心库房。

③领班每周应根据楼层的存量和一周的消耗量开出"领料单"，提交客房中心库房。

④每月月底配合库房物品领发员盘点各类用品。

（3）客房部对客房用品的监督，即客房用品的第三级监督。

①客房部总库房对客房用品进行监督。客房部总库房物品领发员对楼层客房的用品消耗总量进行监督，负责统计各楼层每日、每周和每月的客房用品使用损耗量，并结合客房出租率以及上月情况，制作"月度客房用品消耗分析对照表"。

②防止客人的偷盗行为。酒店应建立访客登记制度，通过减少出口通道、对多次性消耗用品如烟灰缸等标上酒店的标志、将衣架固定等办法，可有效防止客人偷盗行为的发生。

4．制定相关的奖惩制度

（1）通过制定奖惩制度来约束服务员的浪费现象，具体奖惩办法可参考本酒店《员工手册》的相关内容。

（2）每年年末，酒店根据客房记录、结算情况等，对员工在本年度的工作情况进行分析、比较，兑现奖惩承诺，以强化服务人员的节约意识。

相关说明	

二、客人遗留物品的处理方案

标 题	客人遗留物品的处理方案		文件编号		版本
执行部门		监督部门		考证部门	

一、遗留物品分类

1. 按遗留地点划分

遗留物品根据遗留地点划分可分为三类：第一类是宾馆宾客在房间的遗留物；第二类是到宾馆消费或参观宾客在公共场所的遗留物；第三类是宾馆员工在内部场所的遗留物。

2. 按遗留物品价值和性质划分

遗留物品根据价值和性质划分可分为贵重遗留物品、普通遗留物品和饮食品三种。其中贵重遗留物品是指金银珠宝、首饰、手机、手表、相机等估价在＿＿元以上的物件以及所有的现金、支票、有价证券和证件。

二、遗留物品的上交与管理

1. 员工在宾馆范围内拾取宾客或员工遗留的物品，均应交到客房中心保管存放并造册登记。

2. 遗留物品的保管、认领和处置由安保部和客房部共同负责。

3. 接收和退还遗留物品的工作由客房中心人员负责，但对物品进行清点、分类和存放时，安保部派人到场核对和确认。

4. 凡有遗留物品交到客房中心，客房中心接收人员必须在"遗留物品登记簿"上按要求做好登记并将资料输入电脑，分类将遗留物品存放在指定的位置。

5. 客房中心每天晚上都要将遗留物品的清单和退还遗留物品的情况交安保部存档，并由安保部管理人员到场清点当天的遗留物品，检查对遗留物品的处理和登记情况后签名确认。

6. 未经许可，无关人员不得擅自查阅遗留登记资料与处理遗留物品。

三、遗留物品的存放与保管

1. 贵重遗留物品存放在客房部保险箱内，保险箱的两把钥匙分别由安保部和客房中心分开保管。

2. 普通遗留物品存放在客房中心的备品柜和遗留物保管室。

3. 加强对存放遗留物品的柜子、保险箱和遗留物保管室钥匙的管理，无关人员不能动用，安保部和客房中心人员使用钥匙时要做好记录。

4. 贵重遗留物品原则上保存 1 年；普通遗留物品原则上保存 3 个月；其他一些如水果、饮料、开封的食品等视情况保存 3 天至 1 个月，之后可作处理。

5. 到期的遗留物品定期由市公安局拾遗处人员收走，此期间应办好相应的交接手续和文字存档工作，交接表上需有安保部和客房部经理的签名确认。

四、遗留物品处理工作规程

1. 楼层对遗留物品处理服务规程

（1）楼层服务员发现有遗留物品时，应立即向主管人员报告，并马上交给楼层领班。

（2）填写"拾遗物品登记簿"，并在"经办人及日期"栏签名并注明日期，由楼层领班签名确认。

（续）

（3）凡是 VIP、熟客或宾客将回来领取的遗留物品，必须在"备注"栏内注明。

（4）原则上要求每间房填写一份"遗留物品登记簿"，但如出现同一间房既有食物又有杂物的情况时，则要将食物和杂物分表进行填写，且在"备注"栏上注明，并说明物品是否已开封、分量和数量等。

（5）如刚退房的宾客返回楼层取遗留物品，经核对无误，由领班负责将遗留物品交还给宾客；已填写"遗留物品登记簿"的，则要让宾客签名确认，并在"备注"栏上注明宾客已取回。宾客取回遗留物品的情况要做好交班记录，同时要有见证人和主管签名确认。

（6）楼层服务员当面与客房部当班人员核对遗留物品无误后，双方均要在"拾遗物品登记簿"中"备注"栏内签名确认，并注明交接的具体时间。登记簿上的遗留表一式三联，第一和第二联交客房中心，登记簿放回原楼层存放。

2．客房中心收取遗留物品工作规程

（1）客房部人员接到各楼层上交的遗留物品时，必须当面核清登记本各栏是否填写清楚，并核对实物。

（2）检查"备注"栏是否有"VIP、熟客或宾客将回来领取"的字样，如有注明，客房部当班人员则要将此遗留物品另作存放，同时将有关的详细资料输入电脑，以便在宾客下次入住时第一时间交还。所有交还宾客的遗留物品，当班人员必须将有关资料签名注销。

（3）客房中心班人员与楼层领班当面核对遗留物品无误后，双方均在"拾遗物品登记簿"备注栏内签名确认，并注明交接的具体时间。将遗留表第一联存放客房部《遗留物品清单夹》内，第二联用来包裹遗留物。客房中心主管要在第一联的登记表上签名确认。

（4）在公共区域拾获的遗留物品，应在"地点"栏内详细注明拾获的地点位置，第三联在双方签名确认后交拾获者保存。

（5）对收到的遗留物品要包装整理好，避免在存放过程中有损坏、污染或弄散物品的情况出现，然后将物品分类存放，对西服或垂挂的衣物要用衣架挂好避免弄皱。

（6）当天收到的遗留物品必须将有关资料输入电脑，包括宾客的姓名、房号、遗留地点、遗留时间、物品的名称种类与数量、存放位置等。

（7）每天晚上 23:30 前将当天遗留物品的清单交安保部，由安保部人员清点遗留物品后签名确认。

3．遗留物品退还给宾客服务规程

（1）住客

①客房部经查证核实住客的身份与遗留物品登记表的记录相符后，与宾客联系，征询宾客取回遗留物的具体时间。如有异议则要向宾客解释清楚，并及时向主管、经理反映处理。

②由客房部负责按照宾客所提供的时间要求，把遗留物品送至宾客房间，并在登记表上签收确认。

③遗留物品在送交宾客前必须清点核实一次，面交宾客时要逐项清点。

④在完成遗留物品的交接后，将宾客的身份证或护照号码记录在"遗留物品登记簿"上，由宾客签名确认，并填写具体的交接时间。

（续）

（2）店外宾客 ①根据宾客来电查询或通过联系确认是否有遗留物品，并征询取回物品的时间和途径，把所要办理的手续要求向宾客解释清楚。 ②由客房部人员负责按照宾客所提供的时间要求，事先把遗留物品和登记表准备好，同时在当天把宾客要前来领取遗留物品的时间信息告知前厅服务人员。 ③接到前厅通知时，由客房部人员负责把遗留物品送到前厅人员指定的地点位置，并为宾客办理有关领取手续。 ④如宾客委托他人代领，代领人须出示身份证和宾客的委托书，并对照核实无误后方能办理代领手续。否则，要请示部门经理处理。 ⑤在完成遗留物品的交接后，将宾客的身份证或护照号码记录在遗留物品登记表上，由宾客签名确认，并填写具体的交接时间。 （3）店内人员 ①根据遗留物品上留下的有关信息，由客房部人员负责想办法与其取得联系，解释清楚要办理取回遗留物品的手续和地点。 ②由客房部人员负责按照失物人所提供的时间要求，事先把遗留物品和登记表核实准备好。 ③在失物人前来领取遗留物品时，客房中部负责遗留物品的面交并为其办理相关的领取手续。 ④如委托他人代领，代领人须出示身份证和失物人的委托书，并对照核实正确后方能办理代领手续。否则，要请示部门经理处理。 ⑤在完成遗留物品的交接后，将失物人的身份证号码记录在遗留物品登记表上，由失物人签名确认。 4．贵重遗留物品保管和领取工作规程 （1）对于楼层交下来的贵重遗留物品统一存放在客房中心保险箱内，保险箱应处于关闭状态。保险箱钥匙设两把，分别由安保部、客房中心主管或指定的当班人员保管，保险箱必须同时使用两把钥匙方可开启。 （2）根据遗留物品的有关资料，要及时向接待部门或前厅经理通报，设法联系将遗留物品交还给宾客。 （3）将收到贵重遗留物品的情况在交班记录簿上做好交班记录，向部门值班经理和安保部报告，并请安保部派人到场确认并将物品锁进保险箱，在专设的"贵重遗留物品登记簿"上作详细记录，写清日期、房号、物品名称、数量和编号，由服务人员和安保部人员双方签名确认。 （4）如有宾客领回贵重遗留物品，经核证后，必须在登记簿和交班簿上作详细的交班记录，同时更新电脑和"遗留物品登记簿"上的资料，请安保部派人到场确认并打开保险箱取出宾客认领的遗留物品，之后服务人员和安保部人员双方签名确认。 （5）安保部和客房部经理要不定期检查保险箱内物品存放的情况，做好贵重遗留物品的保管和管理工作。	
相关说明	

三、客房成本费用的控制方案

标　　题	客房成本费用的控制方案		文件编号		版本	
执行部门		监督部门		考证部门		

一、目的

为了严格贯彻酒店成本费用管控办法，做好客房成本费用的控制工作，特制定本方案。

二、含义界定

客房成本费用，主要是指在客房的经营管理活动中所发生的各项成本与费用。

三、适用范围

本方案适用于客房部的所有成本费用控制事项。

四、控制方法

1. 根据酒店的成本费用管控办法，客房部严格执行成本费用管理责任制，客房部经理和客房部各管区的主管对本部门和本管区的成本费用负责。

2. 客房服务中心在编制客房运营成本年度预算时，应切实做好营业成本和费用的预测，并与各项营收、经营毛利相衔接。

3. 客房运营成本年度预算中的成本费用控制指标，应落实至各管区，并与考核和奖惩挂钩。

4. 客房部各管区要加强对员工的教育，使每位员工都可以明确成本费用控制目标，不断提高员工的成本核算意识；同时要结合日常的经营活动检查成本费用执行情况，严格控制在计划范围内的正常开支。

5. 客房部要结合部门的经济活动，对月度、季度的成本费用进行分析，及时发现影响成本费用的各项因素和成本管理上的薄弱环节，研究和提出改进的措施和方法，进一步探索降低成本费用的途径。

相关说明	

四、客人特殊事件的处理方案

标　　题	客人特殊事件的处理方案		文件编号		版本	
执行部门		监督部门		考证部门		

一、目的

为了客房部人员能够及时、恰当地处理一些客人的特殊事件，特制定本方案。

二、含义界定

本方案的客人特殊事件主要指客人伤病事件、客人死亡事件、客人醉酒事件等。

三、客人伤病事件处理

客人在酒店居住期间，身体可能会偶有不适或突发疾病。客房中心人员要根据不同的伤病进行不同的处理。

（续）

1. 一般性疾病处理

客人如遇风寒或其他小恙，客房服务员发现后，应询问客人的情况，帮助客人请驻店医生进行诊治。

2. 突发性疾病处理

（1）此处的突发疾病主要是指心脑血管病、肠胃疾病、食物中毒等。

（2）若客房服务员发现此类情况后，应立即请驻店医生进行诊治，同时要报告客房服务中心主管。此时，客房服务人员不能擅自做主，救治病人。

（3）若客人病情严重，客房服务中心主管应立即联系客人家属、同伴或随员等。若客人是独自住店，客房服务中心主管应立即报告客房部经理，请酒店派车，将客人送往医院进行诊治。

（4）突发疾病处理完毕后，酒店客房中心主管应做详细的书面报告，说明发生原因、处理经过以及后续追踪处理结果。

3. 传染性疾病处理

（1）客房服务人员若发现客人患有传染性疾病，必须立即向酒店客房服务中心报告，并向防疫卫生部门汇报，以便采取有效措施，防止疾病传播。

（2）客房服务人员对客人使用过的用具一定要严格消毒，并在客人离店后对房间、卫生间严格消毒。

（3）对客人接触过的客房服务人员，要在一定时间内进行体检，防止疾病扩散。

四、客人死亡事件处理

客人死亡主要是指客人在住店期间因病死亡、意外事故死亡、自杀、他杀或其他原因导致死亡。客房服务人员要根据不同情况，能够随机应变地处理客人的死亡事件。

（1）客房服务人员一旦发现客人在客房内死亡，应立即报告客房部经理、总经理、安保部等有关方面，双锁房门，由安保部报告公安机关，并派人保护现场，等候调查。

（2）保持现场的净空，不可让闲杂人等进出。若有媒体人员欲进入，客房服务中心人员应协助安保人员礼貌谢绝其进入，或者请酒店公关人员协助处理后续相关事宜。

（3）若调查验尸后，证实客人属正常死亡，警方出具证明，由酒店通知死者家属，并协助其办理后事；若调查验尸后，证实客人属于非正常死亡，酒店方面应积极协助调查。客房服务员与客人接触相对较多，应密切配合调查取证，尽可能详细地提供线索，同时也要注意保密工作。

（4）客人的遗留财产，客房服务中心要列明清单由专人保管，待家属领取。公安机关因侦破需要而带走的物品，也要有记录和经手人签字。

（5）待相关部门的检查以及勘验工作完成后，应与家属协调，利用后门进出，以免惊动其他客人或员工。

（6）因病抢救无效而死亡的客人，可由在场医生出具证明。

（7）发生事故的房间，事故后要进行彻底消毒，并将客人所使用的所有物品全部报请销毁。

（8）整体事件处理后，应由客房部经理将所有经过以及处理结果报告酒店总经理。

（续）

五、客人醉酒事件处理
酒店经常出现客人醉酒事件，作为客房服务员应根据实际情况随机应变地处理此类事件，醉酒事件的处理方法如下。 （1）对醉酒程度较轻的客人，可以婉言相劝，安置其回房休息。对于醉酒程度较重、不听劝导的客人，应立即上报安保部人员，并协助安保人员将客人强行送回房间，以避免影响其他客人的正常休息。 （2）对于醉酒的客人应特别留意观察，防止客人失去理智时破坏房间设备或吸烟引起火灾。 （3）若客房服务员在楼层遇见醉酒的客人，不要单独扶其进入房间甚至为其宽衣休息，以免客人酒醒后发生不必要的误会。 （4）若醉酒的客人有召唤，客房服务员应与客房服务中心值班人员一同前往。女服务员应避免独自进入客房，以免发生意外事件。 （5）醉酒的客人若再度饮酒或大声吵闹，客房服务员应婉言相劝，以避免影响其他客人的正常休息。
相关说明

五、客房工作钥匙的管理方案

标　　题	客房工作钥匙管理方案		文件编号		版本	
执行部门		监督部门		考证部门		

一、目的

为了规范客房工作钥匙管理，提高工作钥匙的使用效率，特制定本方案。

二、适用范围

本方案适用于所有客房部钥匙的管理。

三、工作钥匙的签领签收

1．客房所有工作钥匙和钥匙卡均由客房服务中心文员直接发放到各使用区域的使用者手中，并由接收的员工在"钥匙控制表"上签字确认，文员亦签字确认。按照"谁签字谁负责"的原则，在使用过程中若出现钥匙的丢失、人为损坏等事情，均由签字人承担责任。

2．员工如因工作需要使用工作钥匙，必须履行签领手续，然后将钥匙扣在腰带上后，方可离开客房服务中心到楼层工作。同时，钥匙接收人在接收钥匙之前，必须检查钥匙的完整与否，若在签字之后才发现，一律由接收人负责此损失。

3．客房服务中心文员应当确定所发出的钥匙完整无损、未发错区域或使用人，否则接收人有权拒绝接收，而由此产生的责任由客房服务中心文员全部负责。

4．员工下班时应当交回所领钥匙，严禁带离工作岗位或宾馆，然后在"钥匙控制表"上签名。收回钥匙时，客房中心文员应当检查钥匙的完整与否；否则，由文员承担其后果。

（续）

5. 员工在使用任何钥匙之前，必须掌握正确的使用方法，若因使用方法不当而造成钥匙的损坏，由该员工全部负责。

6. 员工应当爱护自己的钥匙，IC 卡须严禁折叠、浸水、接近带磁物质等，若无法打开房门，应及时交还到客房服务中心处理，严禁私自处理。

四、工作钥匙的使用

1. 员工工作时，必须随身携带工作钥匙，严禁私自解下和乱丢乱放。

2. 清扫房间时，应清扫一间打开一间，绝不能图省事，一次性打开所有要清扫的房间。

3. 离开酒店，必须先交回钥匙。

4. 严禁将自己的钥匙借给任何人，即使是自己的同事。

5. 严禁为陌生人开门。只有在两种情况下，才能为无房卡的住客开门：一是可以百分之百地肯定该客人正是该房间的住客，而且未结账离店；二是持有大堂副理或接待员签发的开门证明。

6. 其他部门的员工，如工程维修人员需进入房间执行修理任务，服务员可以为其开门。如该房为住人房，而客人不在房内，那么服务员必须留在房内，直到维修完毕。

五、工作钥匙的存放与维护

1. 客房部所有的钥匙都由客房服务中心文员统一保管、维护（总控卡除外）。

2. 每班文员都须检查所有钥匙是否归位、是否完整（除当班正在使用的钥匙之外）。若有缺少或损坏，须立即报相关部门处理，否则，由当班文员负责。

3. 夜班文员须做好钥匙的维护工作：清洁 IC 卡的芯片、除去钥匙的污垢、及时更新钥匙的标签及已坏配件、及时报修已坏钥匙等。若被主管或员工发现钥匙的不完备处，则当班文员要承担不可推卸的责任。

4. 每班均只能使用本班的钥匙，文员若擅自将非本班钥匙发出，视为工作失职处理。

5. 对于每次钥匙的遗失或重新配制，文员处均须有完整的记录，有相应的原始单据，否则予以失职处理。

六、工作钥匙的丢失处理

1. 工作钥匙一旦丢失，应立即上报主管处理，若有迟疑或知情不报而造成严重后果的，交由安保部处理，或移交公安机关处理，并负完全责任。

2. 接到报告后，当班主管应立即通知总台注销该卡或更换该区域门锁，通知监控中心密切注意该钥匙管辖区域内的动静；然后携同该员工对所属区域进行仔细查找。否则以渎职处理。

3. 无论找到与否，当事人都须以书面的形式做详细的经过说明；当班主管应查明真正原因，并对当事人给予适当的处罚。

七、钥匙损坏处理

1. 首先，由主管调查清楚钥匙损坏的真正原因：若系自然磨损，则出具证明并报告经理，以正常报损处理；若系人为损坏，则应当追究当事人的责任，并在处理之后，将处理意见报经理，再重新配制钥匙。

（续）

2. 所有钥匙的重新配制，必须经酒店总经理同意之后，再报前厅主管以上的管理人员配制。不得私下在总台配制，否则严重处理，甚至作为盗窃嫌疑报安保部或移交公安机关处理，所造成的后果由当事人负完全责任。

八、关于工作钥匙的相应处罚

1. 不正常配戴钥匙，将钥匙放在工作车上、工作间内、房间内、走道上、用钥匙取电等，一经发现，给予10元的过失处罚。如造成钥匙被锁在房间，根据具体情况至少要处20元以上50元以下的处罚。

2. 文员错发钥匙，一次处予10元以上的过失处理。若由此引发重大事故者，承担相应的经济及行政处罚。

3. IC卡钥匙在打不开房门的情况下，不能连续三次使用，若因此造成IC卡被永久锁死，由使用者承担该卡的成本费用。

4. 若因使用者的原因造成钥匙折断、变形等，由其本人承担该卡的成本费用，并予以过失处理。

5. 如在使用过程中造成遗失钥匙，根据实际情况，处以50元以上200元以下的经济处罚，并承担由此产生的一切损失；在行政处罚上给予降级、降职、内部下岗，甚至开除处理；且相关管理人员要负连带责任。

6. 对于在钥匙损坏或遗失中知情不报、歪曲事实者，处予降级、降职，甚至开除处理。严重者报安保部或移交公安机关处理。

7. 对于私自配制钥匙、拾到钥匙拒不上交者，予以开除处理，并以盗窃嫌疑报安保部或移交公安机关处理。

8. 对于当班主管在钥匙遗失后，不积极找寻、不立即上报者，以渎职处理；若窜通下属一起作弊者，予以降职甚至开除处理。

9. 钥匙若因文员的维护工作不到位而引起损坏、变形者，追究文员的责任，并让其承担重新制卡的费用。

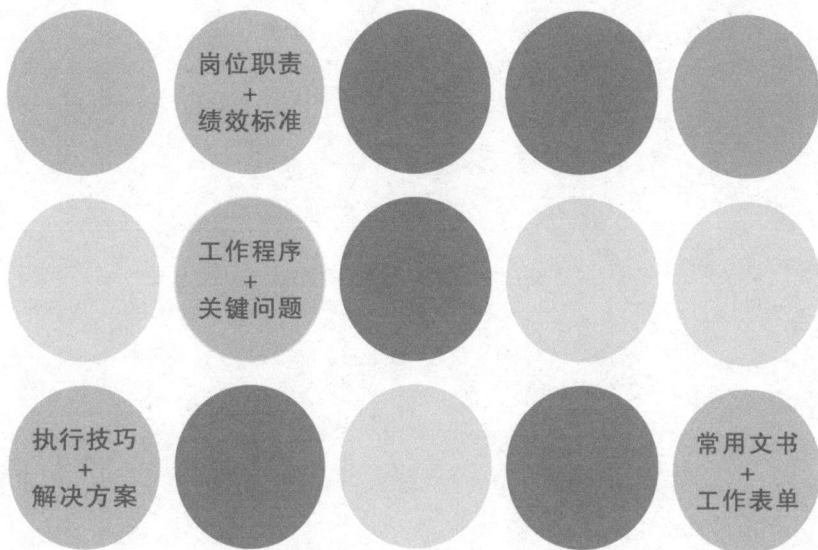

岗位职责
+
绩效标准

工作程序
+
关键问题

执行技巧
+
解决方案

常用文书
+
工作表单

第三章

楼层服务精细化管理

第一节　楼层服务岗位描述

一、楼层服务岗位设置

楼层服务岗位设置	人员编制
客房部经理	经理级＿＿＿人
客房服务中心主管　楼层主管　公共区域主管　洗衣房主管　布草房主管	主管级＿＿＿人
楼层领班	领班级＿＿＿人
客房服务员	专员级＿＿＿人
相关说明	

二、楼层主管岗位职责

岗位名称	楼层主管	所属部门	客房部	编　　号	
直属上级	客房部经理	直属下级	楼层领班	晋升方向	

所处管理位置	客房部经理 楼层主管 楼层领班
职责概述	监督管理楼层的对客服务、清洁卫生，负责楼层的安全管理与成本控制工作，确保楼层的各项服务正常进行

职　　责	职责细分	职责类别
1. 楼层对客服务	（1）督导本班组员工严格按照工作规范和质量要求做好客人的迎送及其他服务工作	日常性
	（2）第一时间处理客人遗失的物品，及时上报客房服务中心	特别工作
	（3）处理客人的特殊要求及投诉，尽量满足客人需求	特别工作
2. 楼层巡查	（1）及时掌握楼层房态信息，并将相关信息及时告知前厅部预订处，确保房间正常、及时地出租	日常性
	（2）巡视所管辖的楼层，检查客房清洁卫生及对客服务的质量	日常性
	（3）检查本楼层各类物资的储存和消耗量	日常性
	（4）每日检查 VIP 房间，确保高质量的服务	日常性
	（5）负责楼层的成本费用控制，督导和检查财产物资的管理	日常性
3. 员工管理	（1）合理安排员工的休息与轮班，及时编制"排班表"	日常性
	（2）教育和督导员工做好客房设施、设备的维护保养和报修工作	日常性
	（3）定期做好员工岗位业务培训，保证优质规范服务	周期性

三、楼层领班岗位职责

岗位名称	楼层领班	所属部门	客房部	编 号	
直属上级	楼层主管	直属下级	客房服务员	晋升方向	

所处管理位置	楼层主管 楼层领班 客房服务员
职责概述	协助楼层主管做好楼层对客服务、卫生清洁的管理工作，带领员工为客人提供优质服务

职 责	职责细分	职责类别
1. 楼层服务与卫生管理	（1）安排组织所负责楼层客房及工作间的卫生清洁工作	日常性
	（2）负责本楼层房间酒水、冰箱内食物的消费统计	日常性
	（3）安排楼层物资的领取、配置与补充	日常性
	（4）检查本楼层客房卫生与安全的情况，指出存在的问题并及时处理	日常性
	（5）留意住客情况，发现异常及时上报	日常性
	（6）督导客房服务员做好工作车、清洁设备的清洁保养	日常性
	（7）管理好客房万能钥匙及楼层工作间钥匙	日常性
2. 员工管理	（1）合理编排员工班次，提高员工工作效率	周期性
	（2）检查本班组员工的仪容仪表及工作表现	日常性
	（3）评估下属员工的工作情况并随时指正	日常性
	（4）负责新员工入职辅导、带教见习，以及在职员工的培训工作	特别工作

四、客房服务员岗位职责

岗位名称	客房服务员	所属部门	客房部	编　号	
直属上级	楼层领班	直属下级		晋升方向	

所处管理位置	楼层主管　→　楼层领班　→　客房服务员

职责概述	负责楼层客房的卫生清洁及客用物品补充配备工作，为客人提供周到的服务	
职　责	**职责细分**	**职责类别**
1. 楼层服务	（1）在准确掌握房态的基础上，做好本楼层迎送客人的服务工作	日常性
	（2）根据客人的要求及前厅与楼层的工作安排，为客人提供加床、开夜床的服务	日常性
	（3）根据客人的要求及时提供擦鞋服务	日常性
2. 清洁整理	（1）负责本楼层客房、楼道的卫生清洁及客房设备保养工作	日常性
	（2）负责本楼层工作间、储物间的清洁整理	日常性
	（3）按酒店规定的客用物品配备标准配齐或补充所有的客房物品	日常性
	（4）检查客房小酒吧，根据客人的实际消费补充各种酒水	日常性
3. 汇报房态及异常情况	（1）做好房态（无行李、外宿、请勿打扰、无需要服务等）记录，并填写交接班记录	日常性
	（2）及时记录和报告客人的异常情况	日常性
	（3）及时报告房间的维修，并负责简单的灯泡更换等事宜	日常性

第二节　楼层服务岗位考核量表

一、楼层主管绩效考核量表

序号	考核内容	考核指标及目标值	考核实施	
			考核人	考核结果
1	处理客人物品遗失情况	客人遗失物品及时处理率达＿＿%		
2	协调解决客人的需求	客人满意度评分达＿＿分以上		
3	处理客人投诉	客人投诉解决率达＿＿%（通常为100%）		
4	定期对员工培训	员工考核达标率达＿＿%		

二、楼层领班绩效考核量表

序号	考核内容	考核指标及目标值	考核实施	
			考核人	考核结果
1	安排客房卫生清洁工作	卫生检查合格率达＿＿%以上		
2	统计客房酒水消费并及时补充	客房酒水短缺平均时间不得超过＿＿小时		
3	管理好万能钥匙及工作间钥匙	钥匙丢失率为＿＿%（通常为0%）		
4	新员工入职辅导、带教见习	本班组新员工顺利转正率达＿＿%		

三、客房服务员绩效考核量表

序号	考核内容	考核指标及目标值	考核实施	
			考核人	考核结果
1	加床、开夜床服务及时	严格遵守服务标准时间，超时次数不得多于____次		
2	楼层卫生清洁	卫生死角数为____（通常为0），检查合格率达____%		
3	提供擦鞋等服务	客人满意度平均得分达____分以上		
4	及时补充客房用品	客房用品空缺率在____%以内		
5	做好房态记录	房态记录差错率控制在____%以内		
6	及时报告设备维修事宜	设备维修报告及时率达____%以上		

第三节　楼层服务工作程序与关键问题

一、工作车整理程序与关键问题

工作车整理程序	工作目标
开始 ↓ 检查工作车车轮是否完好 ↓ 将垃圾袋、布草袋挂于车的两端 ↓ 将新换的床单和枕套放在车的最底层 ↓ 将浴巾、地巾放在中间层 ↓ 将手巾、面巾放在第一层 ↓ 客房用品放于顶层，并区分大小件物品　① ↓ 将清洁用具、用品放于清洁桶内 ↓ 将清洁桶放于垃圾袋下方 ↓ 结束	**工作目标** 工作车内物品摆放有序，拿取方便 **关键问题点** 1. 放客房用品时要注意，大件物品放于工作车的后部，小件物品放于工作车的前部

二、做床程序与关键问题

做床工作程序	工作目标
	床的整体效果要整齐、美观，严格符合做床标准

床的整体效果要整齐、美观，严格符合做床标准

关键问题点

1. 撤的时候要注意检查床上是否有客人物品
2. 床单正面朝上，中线居中，将四边塞入床垫下面，将床单扫平，做成 45° 角，同时检查床单有无破损或污渍，如果有要及时更换
3. 套入被套后，将被子的四角拉平，注意被子的正反面与前后方向，将被子平铺在床头，被边与床头平齐，并折回 40 厘米
4. 套入枕套要求四角充实，做好枕套口，摆放在床头正中，枕套口朝向外侧

做床工作程序流程图：

开始
↓
将所需床单、被套、枕套拿入房间
↓ ①
将床拉出，撤掉床单、被套、枕套
↓
调整床垫并检查床垫上是否有污渍
↓
对齐床架，拉平床褥
↓ ②
铺床单
↓ ③
将被子套入被套，平铺在床头
↓ ④
将枕芯套入枕套内，放于床头正中
↓
把床推回原位，检查床的整体效果
↓
将撤下的布草卷好，放入工作车内
↓
结束

三、开夜床程序与关键问题

开夜床工作程序	工作目标
开始	使客房感觉温馨、舒适
进入房间，打开房灯，拉上窗帘 ①	
摆放拖鞋	
将床罩撤下，叠好放在行李柜上 ②	
	关键问题点
将被子拉至距床头 25 厘米处	1. 拖鞋平行放于床前，距床头柜约 30 厘米、距离床约 16 厘米左右的地方
站在床头将被子反向折 30°	2. 开夜床时，一般开靠近电话的那一侧
将晚安卡放在枕头中央	
将甜点和鲜花放在床头柜上	
更换用过的杯具、烟灰缸	
清理垃圾，清洁浴室和卫生间	
更换与补充客用品	
将开夜床那侧的床头灯打开	
检查，关好房门后离开	
结束	

四、加床服务程序与关键问题

加床服务工作程序	工作目标
开始	加床迅速，一次补完客人的日用品
↓	
接到客人加床电话，问清房号	
↓	
敲门进入，了解客人需求	
↓	
退出房间，开"加床单"	**关键问题点**
↓	1. 其他日用品主要包括床单、被罩、被褥、枕头、枕套、毛巾、洗浴用品、拖鞋、杯具等
"加床单"报相关领导审核	2. 敲门进入客人房间后，要先征得客人同意，方可为客人加床
↓ ①	
相关领导同意加床后，客房服务员准备床和其他日用品	
↓	
将床、日用品、"加床单"送入房间	
↓ ②	
为客人开床，并摆好日用品	
↓	
请客人在"加床单"上签字	
↓	
祝客人居住愉快，退出房间	
↓	
请行李生将"加床单"送至前台	
↓	
记录加床，做好交接班	
↓	
结束	

五、送别客人服务程序与关键问题

送别客人服务程序	工作目标
	给客人留下一个良好的印象，令客人感到满意

送别客人服务程序流程图：

开始
↓
接到客人离店通知后，问清客人信息　①
↓
迅速到客房，问客人是否需要整理或运送行李
↓
问清搬运时间和行李数量，通知前厅行李处
↓
征求客人意见后帮其提随身行李至电梯口
↓
迅速为客人按电梯，帮助客人进电梯　②
↓
按酒店送别服务标准向客人道别　③
↓
在工作记录本上记录客人的离店情况
↓
结束

关键问题点

1. 接到客人离店通知后，需问清的客人信息包括：离店客人的房号、姓名、是否还在房中
2. 为客人提供电梯服务时，须达到如下标准
   （1）迅速为客人按电梯，以缩短客人等电梯的时间
   （2）电梯到达楼面时，服务员应站在合适的位置用手挡住电梯门，并请客人先进入电梯
   （3）帮助客人将行李送入电梯轿厢放好
3. 电梯门关上 1/3 时，面向客人微微鞠躬告别："欢迎您下次再来，祝您一路平安！"

六、进入客房工作程序与关键问题

进入客房工作程序	工作目标
开始 ↓ 敲门前先观察客房动静，视情况再敲门 ↓ 轻敲房门三下，报出"服务员" ① ↓ 站在门前适当位置，等待回应 ② ↓ 经客人允许后进入房间；若无客人回应，则用万能钥匙进入房间 ↓ 完成工作，出来后应随手关好房门 ↓ 结束	服务礼貌、得体，不引起客人的反感

工作目标

服务礼貌、得体，不引起客人的反感

关键问题点

1. 服务员在敲门以后要站在"猫眼"能看见的位置，以便让客人能通过"猫眼"看到自己
2. 用万能钥匙打开房门后，先将房门打开一点，确认房内无人后再进入，如客人正在睡觉，应马上退出房间，并把房门锁上

七、客房日常清洁程序与关键问题

客房日常清洁工作程序	工作目标
开始 按规定进入房间 ① 关掉多余的灯，并拉开窗帘 ② 检查房内情况，补充用品 ③ 收集垃圾 清洗杯具、餐具及烟灰缸 铺床 ④ 擦拭灰尘 地面吸尘 清洁浴室、卫生间，补充用品 ⑤ 检查小酒吧 再次检查房间，是否遗漏其他事项 将空调调到适宜的温度 关窗，拉上窗帘并关掉所有的灯 关闭房门，离开房间 结束	1. 认真清洁房间，保证客人居住舒适 2. 客房内无卫生死角 3. 按标准配备客房内的客用物品 **关键问题点** 1. 关掉多余的灯，同时留意灯具与灯泡是否正常，拉开窗帘的同时注意窗帘轨道是否正常 2. 检查是否有客人遗留物品或设备损坏的情况 3. 将垃圾倒入工作车的垃圾袋中，倒掉烟灰缸中的烟灰，放在卫生间 4. 擦拭灰尘时，一般清洁工作要依照桌面、窗台、小酒吧、衣柜、椅子、床头柜、床头板、电视、镜子、门的顺序 5. 检查小酒吧内酒水的消费情况，如有消费，开单并及时补充酒水

八、客用杯子清洁程序与关键问题

客用杯子清洁工作程序	工作目标
	消毒后的杯具，应达到"光、洁、干"的标准

开始

↓

倒掉杯中残留物

↓

用清洁剂清洗污垢

↓

用清水冲掉清洗剂

↓ ①

将杯具浸泡在消毒液里

↓

用流动的清水冲掉残留消毒液

↓

用专用的擦杯布抹净杯身内外

↓ ②

在灯光下检查杯身

↓

将杯具放入消毒柜中，打开开关

↓

消毒后的杯具套上消毒杯套

↓

结束

关键问题点

1. 将冲洗过的杯具浸泡在按 1∶200 的比例稀释过的 84 消毒液的桶里，放置 5 ~ 10 分钟

2. 检查杯身时，要注意检查是否有污渍、崩裂、灰尘、手指印等

九、客房电话清洁程序与关键问题

客房电话清洁工作程序	工作目标
开始 ↓ 将清洁剂喷在湿布上 ↓ 把电话筒擦干净 ↓ 把电话内侧和机身擦干净 ↓ ①清洁按钮中间的缝隙 ↓ 清洁电话线与电话周围 ↓ 用干布擦亮电话并放回原处 ↓ 结束	确保电话机无尘土、无菌、光亮
	关键问题点
	1. 可用一支笔包上抹布，清洁缝隙

十、客房冰箱清洁程序与关键问题

客房冰箱清洁工作程序	工作目标
	确保冰箱内无异味，无污迹

开始

↓

将冰箱里所有食品及架子取出

↓

将电源插头拔下，温度调到零度

↓

拆下附件，用清水或洗洁精清洗

↓

清洗冰箱内部　①

↓

用沾酒精的布擦拭密封条

↓

用软毛刷清理通风栅

↓

插上电源，调好温控器

↓

结束

关键问题点

1. 清洗冰箱内部时，要用沾有清洁剂的抹布将冰箱内壁、顶部、边框及箱门抹擦一遍

十一、房门清洁保养程序与关键问题

房门清洁保养工作程序	工作目标
	确保客房门时刻保持干净、光亮

开始

用湿布抹掉门表面的灰尘

清洁房门边角 ①

用金属亮光剂擦亮铜和不锈钢制品

注意开关如有噪声要及时使用润滑油

结束

关键问题点

1. 将门框、门镜、门链以及大门边角处的灰尘清除干净，门底部的鞋渍可加清洁剂抹去

十二、空调清洁保养程序与关键问题

空调清洁保养工作程序	工作目标
	定期清洁保养，保证空调的正常使用，延长其使用寿命

开始

↓

取下空调过滤网

↓ ①

用洗涤剂溶液清洗过滤网

↓

用清水洗净过滤网

↓

用软布将水吸干，放置晾干

↓

用软毛刷清扫内部冷凝器等处的灰尘

↓

装上晾干的过滤网

↓

结束

关键问题点

1. 用温度低于 40° 的肥皂水或中性洗涤剂溶液清洗

十三、清洁工具消毒程序与关键问题

清洁工具工作程序	工作目标
	定期对清洁工具进行消毒，保证客人的安全

	关键问题点
	1. 把泡腾片按每公斤两片的比例兑水，放置于贴有标签的消毒桶内，搅拌均匀后备用。水位应完全淹没所放入的清洁工具，浸泡25分钟

开始

↓

收工具

↓

用专用洗涤剂清洗

↓

进行消毒 ①

↓

放置晾干

↓

结束

十四、客房卫生间清洁程序与关键问题

客房卫生间清洁工作程序	工作目标
开始	1. 面盆、浴缸、马桶等瓷器的表面须保持光亮、无毛发
↓	2. 卫生间无卫生死角，无异味
打开卫生间的灯	
↓	
收出客人用过的毛巾	
↓	
冲洗马桶，倒入洁厕剂	**关键问题点**
↓	1. 清洗面盆要由上至下，清洗同时要注意面盆溢水孔及活塞处
将用过的一次性用品倒入垃圾袋	2. 清洁浴缸上方墙面要从上至下，清洁浴缸的同时要检查肥皂碟内是否有残余的肥皂，检查下水活塞、浴巾架、淋浴喷头、防滑扶手等，发现问题要及时报修
↓	
清洗杯具、肥皂碟及烟灰缸	
↓ ①	
清洗过后倒置在台面上	3. 清洗马桶
↓	（1）用百洁布清洁马桶水箱内外、马桶肚、马桶座及后面部分
用百洁布清洗面盆及上方墙面	（2）用马桶刷清洁马桶盖、座圈、马桶沿及马桶内壁
↓ ②	
用清洁剂清洗浴缸及浴缸上方墙面	
↓ ③	
清洗马桶	
↓	
用清水冲洗面盆、浴缸、马桶	
↓	
将冲洗过的区域全部抹干	
↓	
补充客用品、毛巾等	
↓	
检查，关卫生间的灯	
↓	
结束	

十五、玻璃及镜子清洁程序与关键问题

玻璃及镜子清洁工作程序	工作目标
	确保镜面清洁后无污渍、无水印、光亮如新

开始

↓

准备抹布和玻璃清洁剂

↓

将抹布折成正方形放在手上

↓

在玻璃或镜子上喷一两下清洁剂

↓

从上至下、从左往右擦拭镜面

↓

再用一块抹布以同样的方法抹干镜面

↓ ①

无法去除的斑迹可再次重复以上步骤

↓

结束

关键问题点

1. 对于清洁了几次仍未去掉的污迹，可用小型单面刀片轻轻刮去，但注意不要刮伤镜面

十六、木制家具清洁保养程序与关键问题

木制家具清洁保养程序图	工作目标
	工作迅速，确保清洁保养后的家具干净、有光泽

关键问题点

1. 打蜡时要均匀，蜡层的厚薄要适当

程序图流程：
开始 → 准备干燥工作巾、清洁剂和家具用蜡 → 把布块对折两次，平放在手掌上 → 喷少许清洁剂在毛巾周围 → 从左到右擦拭家具 → 在布上喷好蜡水，轻轻擦拭家具表面 ① → 检查家具光洁程度 → 结束

十七、为客提供擦鞋服务程序与关键问题

为客擦鞋服务工作程序图	工作目标
开始 接到客人电话，问清房号 迅速到客人房间收取皮鞋 检查鞋子，如有损伤要事先向客人说明 将房号标注在鞋内 垫旧报纸在地上，用软擦清除鞋面灰尘 ① 选择鞋油及清洁的鞋擦 均匀涂上鞋油，用鞋擦擦匀 用鞋布或鞋刷擦亮皮鞋 检查鞋子，套上鞋套送入房间 ② 客人表示满意后，退出客人房间 结束	保证皮鞋干净、光亮

关键问题点

1. 鞋油分黑色、咖啡色及自然色，如找不到适合的颜色，则需选择自然色
2. 鞋子一般在收取皮鞋15分钟后送回，若有多双皮鞋，送回时间不可超过1个小时

十八、客房酒水饮料补充程序与关键问题

客房酒水饮料补充工作程序图	工作目标
开始 ↓ ① 定期填写申领单，领取酒水饮料 ↓ 核对数量，按区域放置 ↓ 将多领的酒水饮料放入楼层备用柜 ↓ 客人退房后检查客房酒水饮料消费情况 ↓ 将客房酒水饮料消费情况报告前厅收银 ↓ 补充客房酒水饮料 ↓ 结束	清点准确，管理有序，出错率为0%
	关键问题点
	1. 申领单上须填写申领酒水饮料的品名、数量、申领日期、领取时间等

第四节　楼层服务标准与服务规范

一、VIP 迎宾服务规范

酒店客房部服务标准与服务规范文件		文件编号		版本	
标题	VIP 迎接服务规范	发放日期			

1. **目的**

为了做好 VIP 客人的迎接服务，客房部相关人员应遵照如下规范做好 VIP 迎接准备及服务工作。

2. **VIP 客人到来前准备规范**

（1）客房部在接到"VIP 接待通知单"时，要立即通知各级主管准备迎接。

（2）各级主管应督促员工记住 VIP 客人的到离时间、姓名、国籍、风俗习惯等事项。

（3）客房服务员要根据 VIP 客人的等级精心布置房间。

（4）要随时了解客人动态。

（5）主管要随时检查员工对迎接客人的准备情况。

3. **VIP 客人迎接服务规范**

（1）接到迎宾通知后，客房服务员应在 2 分钟内迅速站到电梯口或相应的位置等候客人。

（2）服务员应保持仪容整洁，面带微笑，见到客人微微鞠躬行礼，使用礼貌敬语主动问好。

（3）根据从迎宾信息中获知的房号，走在客人的左前方引领客人到客房门口。

（4）为客人开启房门后，站在门外适当的位置，先请客人进房。

（5）客人进房后，应主动向客人招呼："请××先生/小姐/女士稍等，我马上为您送上茶水和毛巾。"随即退出房间，将房门虚掩。

（6）将事先准备好的茶水和毛巾在 1 ~ 2 分钟内用托盘将茶水和毛巾送进房间，请客人使用。

（7）向客人礼貌介绍房内的各种设施，及酒店的服务项目和其他设施设备，对客人的问题耐心回答。

（8）退出客房时应遵循如下规范。

①退出客房之前，应向客人示意："如有什么需要，请拨打客房服务中心电话，我们很乐意为您服务。"

②退出客房时，应向客人告别："祝您在这里过得愉快，再见。"然后，后退三步，再转身出门，轻轻将门关上。

（续）

签阅栏		签收人请注意，您在此签字时，表示您同意以下两点内容。 1. 本人保证严格按此文件要求执行。 2. 本人有责任在发现问题时，第一时间向本文件审批人提出修改意见。		
相关说明				
编制人员		审核人员		审批人员	
编制日期		审核日期		审批日期	

二、客房卫生服务规范

酒店客房部服务标准与服务规范文件		文件编号		版本	
标题	客房卫生服务规范	发放日期			

1. 目的

客房服务员在开展客房卫生服务工作时，应按下列操作步骤及规范进行，以保障客房卫生符合酒店的星级标准。

2. 检查设备及客用品

（1）轻轻拉动窗帘，检查窗帘轨道及窗帘是否破损。

（2）留意枕头是否有损坏、有污渍。

（3）留意毛毯、被子是否有损坏或烧迹的情况，掀床单时应注意是否夹着客人的睡衣或物品，并检查床单等有否污渍或损坏。

3. 清理垃圾及脏布草

（1）检查烟灰缸，注意熄灭烟头，留意是否有误放于垃圾桶的物品以及垃圾桶内是否有玻璃和刀片。

（2）将毛巾、床上用品等客人用过的布草全部收放于工作车内，同时检查布草的完好程度。

4. 铺床

（1）铺床前要对补充进房的毛毯、枕头、床罩、被罩等进行检查，保证无破损、无头发、无污渍、无杂物。

（2）铺床时间要严格控制，注意效率。

（3）铺好的床要保证美观、无明显褶皱、床上用品齐全。

5. 清扫卫生间

（1）带入一条干抹布，不可用客房毛巾做清洁，也不能用浴巾、毛巾垫地。

（2）清洗面盆和浴缸时，要特别注意活塞的清洁，并清理杂物和毛发等脏物。

（3）使用正确方法清洗云石台面，不可用洁厕剂清洗。

（4）清理浴缸时，不可站在浴缸内，要特别注意物品架的清洗。

（续）

（5）补充的卷纸要注意将纸的留出部分摺成 90°角。

6. 擦拭灰尘

（1）准备一干一湿两条抹布，床头柜镜面、金属和电器用品（如灯泡、电视机）等要用干布抹。

（2）擦拭物品时，要注意轻拿轻放，擦拭完按物品摆放规格放回指定的位置。

7. 补充物品

（1）要严格按照物品摆放规格摆放，注意数量。

（2）补充物品时，要注意普通房间和 VIP 房间的不同配备要求。

8. 吸尘

（1）注意茶几底，床头柜底，行李架底等卫生死角。

（2）要用胶吸管吸边角，不能用铁吸管吸，以免弄花脚线板。

（3）浴室地板要抹干水渍后才能吸尘。

签阅栏		签收人请注意，您在此签字时，表示您同意以下两点内容。 1. 本人保证严格按此文件要求执行。 2. 本人有责任在发现问题时，第一时间向本文件审批人提出修改意见。		
相关说明				
编制人员		审核人员		审批人员	
编制日期		审核日期		审批日期	

三、卫生间检查工作标准

酒店客房部服务标准与服务规范文件		文件编号		版本	
标题	卫生间检查工作标准		发放日期		

1. 为了保证客房卫生间符合酒店星级标准规定，经研究，酒店客房部在酒店质检工作小组的指导下，特制定本工作标准。

2. 本标准适用于客房服务员进行自检、楼层领班及楼层主管等管理人员进行监督检查等工作。

3. 客房卫生间检查工作标准如下表所示。

客房卫生间检查工作标准一览表

检查部位	检查标准
1. 门	（1）门的表面干净、无破损、无积尘 （2）门锁转动灵活，使用正常
2. 镜子	（1）镜框无积尘和污迹 （2）镜面干净明亮、无破损、无污渍

91

（续）

检查部位	检查标准
3. 浴盆、面盆	（1）浴盆、面盆的表面无水迹、无污垢、无毛发 （2）所有不锈钢器皿的表面光洁、无污渍 （3）盆内的下水处无累积的毛发 （4）面盆上摆放香皂、牙刷等物品符合配备摆放规范
4. 天花板	（1）无霉点、无蜘蛛网 （2）无松脱现象 （3）排风扇运转正常
5. 马桶	（1）水箱盖清洁，水箱内无沉淀物 （2）盖板和座板清洁，接合处牢固、不松动 （3）马桶内壁无水垢，内壁无污渍 （4）马桶底坐、后面及附近的墙壁无污迹
6. 垃圾桶	（1）内外清洁，无垃圾 （2）套有塑料袋，放置位置符合规定
7. 毛巾架及毛巾	（1）毛巾架无灰尘、不松动 （2）毛巾经消毒，按要求折叠和摆放
8. 地面	（1）地板清洁，无污迹，无杂物 （2）地漏不积杂物，无异味

4. 本标准的部分内容也适用于客房公共区域卫生间的检查工作。

签阅栏		签收人请注意，您在此签字时，表示您同意以下两点内容。 1. 本人保证严格按此文件要求执行。 2. 本人有责任在发现问题时，第一时间向本文件审批人提出修改 意见。
相关说明		
编制人员		审核人员		审批人员	
编制日期		审核日期		审批日期	

四、客人换房服务规范

酒店客房部服务标准与服务规范文件		文件编号		版本	
标题	客人换房服务规范	发放日期			

1. 为了规范处理客房换房的工作行为，为客人提供满意的服务，特制定本规范。

2. 客人提出换房要求时，客房服务员应去前厅了解一下，是否有符合客人要求的房间。若暂时没有，则要向客人说明。

3. 前厅服务人员为客人安排换房时，应按其具体要求安排客人满意的房间，并在"接待通知单"上注明，以便通知客房部及时解决。

4. 因酒店方面的原因需要客人换房时，客房服务员应向客人解释清楚以取得客人的谅解与配合。

5. 服务员要与客人落实具体的换房时间。

6. 如果转至不同档次的房间，房间档次升高，则应先与客人商议换房之后的房价（酒店自身原因要求客人换房的除外）。

7. 准备要转至房间的钥匙以及相关凭证，然后客房服务中心安排人员，为客人搬行李，如客人不在房间而又需要搬移客人物品时，应通知客房部当班主管以及当班领班做换房监理人。

8. 清楚地填写"接待通知单"上有关换房的内容，并将副联发至前厅接待处、客房部和电话总机室。

9. 在行李人员为客人换房的同时，客房服务人员必须要求前厅更改有关电脑资料，并向该行李员收取客人原住房间的钥匙。

10. 每天由夜班前厅服务员核对当日的"接待通知单"，将每一次换房事宜详细记录在当日的"换房报表"上，完成后派发至客房部、前厅部、总机室等。

11. 夜班前厅服务员在每晚交接班前，应对当日花费的房价做例行检查，以避免出现错误。

签阅栏		签收人请注意，您在此签字时，表示您同意以下两点内容。 1. 本人保证严格按此文件要求执行。 2. 本人有责任在发现问题时，第一时间向本文件审批人提出修改意见。
相关说明		
编制人员		审核人员		审批人员	
编制日期		审核日期		审批日期	

五、醉酒客人服务规范

酒店客房部服务标准与服务规范文件		文件编号		版本	
标题	醉酒客人服务规范	发放日期			

为了保证在店客人能够真正享受到全方位的服务，有效地处理客人因醉酒发生的各类事件，减少客人人身、财产损失，给客人营造良好的住宿环境，特制定本规范。

一、对醉酒客人服务的总体要求

1. 酒店所有员工在酒店的任何区域、任何时间，一经发现有醉酒客人，必须及时通知前厅总台及相关部门。

2. 对饮酒过量的客人，应恰当、及时地劝阻，防止客人在店内醉酒。对已醉酒的宾客或住店的醉酒客人，酒店所有员工都有义务和责任给予及时的帮助，对深度醉酒的客人给予高度的关注，并尽快联系就近医院治疗，切不可置之不理，更不得取笑客人。

3. 对于非住店客人，酒店公共区域服务人员应做好卫生间搀扶、清理呕吐物等服务，劝其离开酒店，并帮其叫出租车（记下车牌号）。

二、醉酒客人属在店客人

（一）前厅部

1. 前厅当班人员如发现客人醉酒，应及时通知客房部、安保部监控中心。迎宾或公共区域员工协助扶送客人至房间（用客人房卡开门），并应与客房服务人员做好善后服务。

2. 前厅当班人员将醉酒客人的房号告知总台，总台人员查看此房号是否有随行人员（团队或联房），并与之联系。若没有，应与销售部联系，告之接待单位。同时，向值班经理汇报，做好记录和交接。

3. 大堂副理协助查询醉酒客人的房号，查明客人身份，安置客人回房休息，切忌单独扶醉客入房。发现客人因醉酒而有破坏行为时，应请安保部协助制服。交代客房服务人员密切注意房内动静，以防房内物品受损或因客人吸烟而造成火灾。若有特殊情况，与客房服务人员一起入房检查，并做好记录。对无理取闹、破坏酒店设备设施的醉客，应报警处理。

4. 醉酒客人使用卫生间时，公共区域服务人员应做好扶送工作并加强巡视，做好卫生间呕吐物清理工作。对于醉酒较深的客人，应通知安保部和值班经理，并尽快联系就近医院治疗，以免住店客人在酒店发生意外事故。

（二）客房部

1. 客房楼层人员在服务过程中，如发现客人在房间内喝醉酒或在外面喝醉酒回来时，须上前询问客人入住的房号，有无同伴，掌握客人醉酒的程度。通过客人的房卡、有效证件，与前台进行确认。

2. 发现醉酒客人有闹事迹象，服务人员应劝阻客人，若客人不听劝，同时事态有进一步扩大的可能时，应及时通知保安部人员，说明具体情况，同时将客人的相关资料准备好（包括消费金额、损坏物品数量及价格等）。

（续）

3. 待确认后，将客人送入房间，调节房内空调温度，设法使客人保持安静。询问客人或同伴是否需要去看医生。对醉酒客人应有专人负责，耐心照顾，防止发生不良事件。

4. 在客人的床头旁放好垃圾桶，铺好报损的地巾，帮助倒杯温水放在控制柜上。将床头、台灯、过道灯及卫生间灯打开，以方便客人辨别方位。

5. 在安置醉酒客人回房休息后，客房服务人员要特别注意房内的动静，以免客房的设施设备受到损坏或因其吸烟而发生火灾。将醉酒客人的房号及处理过程记在交接本上，做好交接。晚间可与安全部联系，请监控注意，如有异常随时通知当班人员。

6. 若客人醉酒后造成客房设备物品损坏，应做好记录和证据保留工作，待客人酒醒后按酒店规定处理。

三、客人醉酒损坏酒店设施、设备

1. 客房服务人员发现客人醉酒闹事损坏酒店设施、设备时，首先应查看、询问客人是否受伤，是否需要救治，然后报大堂经理通知工程部对客人损坏物品进行估价，或咨询财务部查询物品价格。

2. 与客人协商进行赔偿。如客人对损坏设施、设备的赔偿价格有疑义，大堂经理可以拿出具体处理结果，并报值班经理，由值班经理向客人做最终答复。

3. 如客人对酒店的最终答复仍不满意时，由值班经理通知保安部执行酒店决定，或与客人进一步协商处理，直至客人满意。

签 阅 栏		签收人请注意：您在此签字时，您表示同意以下两点内容。 1. 本人保证严格按此文件要求执行。 2. 本人有责任在发现问题时，第一时间向本文件审批人提出修改意见。	
相关说明			
编制人员		审核人员		审批人员	
编制日期		审核日期		审批日期	

六、长期住客服务规范

酒店客房部服务标准与服务规范文件		文件编号		版本	
标题	长期住客服务规范	发放日期			

1. 目的

为了确保向酒店长期住客提供特殊"个性化"服务，在参照标准客房服务程序与规范等要求的基础上，给长期住客提供舒适、良好的住宿与就餐环境，特制定本规范。

2. 长期住客的界定

与酒店签订合同，并且至少留住一个月的客人为长期住客。

3．长期住客接待服务工作重点

在酒店长期住客接待服务过程中，应着重做好以下各项工作。

（1）前台接待人员即刻将所有信息输入电脑，在电脑中注明为"长住客人"，并为客人建立两张账单：一份为房费单，另一份为杂项账目单。

（2）客房服务人员严格按照标准客房的清扫程序和质量要求进行长住房的清扫工作。

（3）无论何种性质的长住客人进房，客房部经理都应于第一时间抵达客人的房间，征求客人意见，询问客人是否需要对原客房的设施做变动（如搬运家具和办公桌椅等）。如需要，及时为客人提供服务。如遇本部不能解决的问题，则应先接受客人意见，同时通知相关部门协调解决。

（4）询问客人的作息时间，以便安排合适的时间为客人清扫客房。每天晚上，楼层客房服务人员不需对房间开夜床。

（5）客房服务人员在为客人清扫客房时，如遇客人留有未清洗的碗筷之类的用具时，应主动为客人清洗。在清扫房间时，如遇客人在房内时，应注意"三轻"，特别是需吸尘时，一定要先征得客人的同意，以免影响客人的工作或休息。

（6）楼层主管在安排服务人员时，应尽量安排相对固定的服务人员，以便服务人员掌握客人的生活规律和习性，更好地为客人提供优质的服务。

（7）客房服务人员在为客人提供各种服务时，不应向客人打听有关客人的商业信息和隐私，也不可将平时所听到的或看到的关于客人的情况泄露给其他人。

（8）在做好客房服务的同时，客房服务人员还应确保客人入住期间的安全保卫工作，提醒客人如有贵重物品，请妥善保管或存放到礼宾部。服务人员要严格执行钥匙保管规定和楼面访客规定。

（9）按规定为长住客提供特殊洗护用品。床单、被套、枕套三天更换一次。

4．长期住客的账务服务

（1）前台收银人员每月为长住客人结算一次账目，汇总所有餐厅及其他消费的账单，同房费账单一起转交财务部。

（2）财务部核查无误后，向客人发送一张账单，请其付清本月账目。

（3）客人检查账目准确无误后，携带所有账单到前台付账。

（4）前台将客人已付清的账单转交回财务部存档。

签 阅 栏		签收人请注意：您在此签字时，您表示同意以下两点内容。 1．本人保证严格按此文件要求执行。 2．本人有责任在发现问题时，第一时间向本文件审批人提出修改意见。	
相关说明			
编制人员		审核人员		审批人员	
编制日期		审核日期		审批日期	

七、客房用品配备工作标准

酒店客房部服务标准与服务规范文件		文件编号		版本	
标题	客房用品配备工作标准	发放日期			

1. 目的

为使客房用品的配备符合酒店的星级标准，现将客房内日常用品、卫生用品、杯具及饮品、服务提示用品等物品的配备标准规定如下。

2. 日常用品的配备标准

（1）毛巾：全棉，白色为主，手感柔软，吸水性能好，无污渍，无破损。

（2）床单：全棉，白色为主，布面光洁，透气性能良好，无疵点，无污渍。

（3）枕芯：松软舒适，有弹性，无异味。

（4）枕套：全棉，白色为主，布面光洁，无疵点，无污损，规格与枕芯相配。

（5）毛毯：素色为主，手感柔软，保暖性能好，经过防燃、防蛀处理，无污损，规格尺寸与床单相配。

（6）床罩：平整，经过阻燃处理，无异味。

（7）薄棉被：优质被芯，柔软舒适，保暖好，无污损。

（8）污物桶：无破损，材料应具有防燃性能。

（9）洗衣袋：棉麻质地，洁净，无破损，印有中英文店标及店名。

（10）文具夹：取放及使用方便，材料高级。

（11）信封、明信片：信封印有中英文店标及店名、地址、邮政编码、电话号码、传真号码。明信片具有旅游宣传促销意义。

（12）信纸、便笺：纸质高档，不渗墨迹，印有中英文店标及店名、地址、邮政编码、电话号码、传真号码。

（13）圆珠笔：书写流畅，不漏油，笔杆印有中英文店标。

（14）烟灰缸：符合正规标准，非吸烟楼层不放置。

（15）擦鞋用具：使用后起到鞋面光亮洁净的效果。

（16）针线包：线、钮扣、缝衣针齐全，封口包装。

3. 卫生用品的配备标准

（1）浴液、洗发液、护发素、润肤露：选用正规品牌产品，包装完好。

（2）香皂：选用正规品牌产品，不易软化。

（3）牙刷：刷毛洁净柔软、齐整；刷头、刷柄光滑，手感舒适，有一定的抗弯性能。标志清晰，密封包装。

（4）牙膏：选用正规品牌产品，无渗漏污损。

（5）漱口杯：玻璃制品，形体美观端正，每日都要进行清洗消毒。

（续）

（6）浴帽：洁净，无破损，帽沿松紧适宜，耐热性好，不渗水。

（7）卫生纸、面巾纸：选用正规品牌的卫生纸及面巾纸。

（8）浴帘：无污损，无霉斑。

（9）防滑垫：摩擦力大，防滑性能良好。

（10）拖鞋：穿着舒适，行走方便，具有较好的防滑性能，一客一用。

（11）梳子：梳身完整、平滑，厚薄均匀，齿头光滑。

（12）剃须刀：刃口锋快平整，剃刮舒适、安全，密封包装。

4. 杯具、饮品的配备标准

（1）茶杯：陶瓷制品，形体美观，每日都要进行消毒处理。

（2）酒杯：玻璃制品为主，样式应与不同的酒类相配，且每日消毒。

（3）电热水壶：选用正规品牌产品，经常检修，配备使用说明。

（4）冰桶：洁净，取用方便，保温性能良好。

（5）茶叶：干燥洁净，无异味，正规包装，标明茶叶品类。

（6）咖啡、酒类、饮料：均为正规品牌产品，严格控制保质期。

5. 服务提示用品配备标准

（1）《中国黄页》《××省××市旅游指南》《×××酒店服务指南》：印刷美观，指示清楚，内容准确，中英文对照。

（2）电视节目表、价目表、客人意见表、防火指南：内容清楚完整，无污渍，中英文对照。

（3）提示牌、挂牌：印刷精美，字迹醒目，说明清晰，悬挂方便，中英文对照。

（4）洗衣单、酒水单：印刷精美，栏目清晰，内容准确，明码标价，中英文对照。

签阅栏		签收人请注意，您在此签字时，表示您同意以下两点内容。 1. 本人保证严格按此文件要求执行。 2. 本人有责任在发现问题时，第一时间向本文件审批人提出修改意见。
相关说明		
编制人员		审核人员		审批人员	
编制日期		审核日期		审批日期	

八、客房设备用品配备摆放规范

酒店客房部服务标准与服务规范文件		文件编号		版本	
标题	客房设备用品配备摆放规范	发放日期			

1. **客房设备用品配备总体要求**

客房设备及用品的等级、规格、数量应符合本酒店的星级标准。

2. **客房设备配备摆放规范**

（1）床：一张或两张符合酒店正规规格的床摆放于床头板的正中间位置，床的前端要紧贴床头板。

（2）行李柜：摆放于右床头柜右侧边的位置，紧靠墙面距离床头柜1个拳头宽的位置。

（3）电视机柜：电视机柜摆放于卫生间侧墙正中间的位置，电视机柜与墙的两端之间距离均等，电视机托盘两侧边角与电视柜前方装饰弧线齐边，平稳。

（4）电视机及托盘：转盘放于电视柜上装饰花边内，符合酒店规定规格的电视机放于转盘上，电视机音量调至25分贝，遥控音量调至1/3格的位置；电视为菜单画面。

（5）电视遥控器：摆放于电视旁边，正面朝上，电源按钮方向朝上。

（6）空调调节器：调至冷风、打开、三档风、22℃位置（冬天为暖风）。

（7）保险柜：保险柜置于单门衣柜底层正中间的位置，柜门内侧边与保险柜边框齐平，内置小地毯。

（8）梳妆桌：梳妆桌横摆于梳妆镜正下方的位置，桌子超出镜面部分要左右均匀对称，与墙间隔5厘米。

（9）梳妆椅：梳妆椅放置于梳妆桌下方正中间的位置，椅背紧靠梳妆桌。

（10）方几：方几摆放于门对面左墙角的位置，方几两边与墙角两侧边平行，间隔距离为两个拳头宽。

（11）单人沙发：单人沙发放于方几一侧，吧台正前方的位置，单人沙发后背与门对面墙角一侧墙齐平，左边扶手与方几平行，间隔距离为2厘米。

（12）双人沙发：放于方几另一侧紧靠门对面的位置，双人沙发两边扶手与方几一侧平行，间隔为2厘米。

（13）长几：摆放于双人沙发的正前方位置，长几与双人沙发和单人沙发之间的距离均间为30厘米。

（14）冰箱：冰箱摆放于冰箱柜的正中间，插上电源，调至中档。

（15）床头柜：两个床头柜分别摆放于床的两侧，床头柜两边不超出床头板，紧贴床头板后的墙面。

（16）全身镜：挂于吧台一侧的墙壁正中间位置，平稳，不倾斜。

（17）梳妆桌台灯：台灯线绕灯座一周摆放于梳妆桌右上角，开关朝外，灯罩接口朝内；台灯底座外弧线与梳妆桌右上角装饰花边齐边。

（18）床头柜台灯：台灯两盏分别放于床头柜左右上角，灯线不外露，开关朝外，灯罩接缝朝内。

（19）方几台灯：台灯放于方几装饰花边内右上角位置，电线饶灯盏一周插上电源，灯罩接口朝内。

（20）落地灯：落地灯摆放于双人沙发左侧。电线绕灯座一周插上电源，灯罩接口朝内。

（续）

（21）电话：电话摆放于左床头柜右上角装饰花边内，电话可外拨，电话线呈"8"字形绕放于电话左侧，贴上电话号码标签及房间号码标签。

（22）窗帘：纱帘呈拉拢状态，厚帘拉至窗台两侧，窗帘钩均匀、遮光帘不外露，两侧均匀。

（23）垃圾桶：套好垃圾袋平放于梳妆桌前脚右侧，店徽朝外，外边与梳妆桌前脚齐平，距离5厘米。

3. 布草类用品配备摆放规范

（1）床上用品：床架上套好床裙，在软垫铺上保护垫，铺床单、棉被套上被套，开口朝床尾，与床头齐平，羽绒枕头、棉枕头各两个，分别套上枕套放于床头中间位置；床裙需按定形线对齐，保护垫四边与床垫齐平，棉被平整左右均匀，枕头饱满；羽绒枕头，棉枕头分别重叠摆放，羽绒枕在上，棉枕在下，开口相对摆放于离床头距离5厘米床头正中间位置。

（2）浴袍：一男式浴袍挂于男式衣架上，一女式浴袍挂于女式衣架上，挂于双门衣柜衣杆靠门一端的位置。男式浴袍挂于最左端，浴袍底端多余部分折向内侧，两件浴袍均要系好腰带，外边衣袖折入衣领内，正面朝外，浴袍无污渍、无损坏、无毛边。

（3）毛毯：毛毯折好放于单门柜中层正中间的位置。摆放平整、美观，毛毯折叠开口朝内。

（4）面巾：面巾两条，须边相对，挂于面巾架正中间的位置，两面巾间距离为一指宽，店标朝外，两条面巾同宽，两底边齐边。

（5）浴巾：浴巾两条，须边相对，折叠成正方形，并列放于浴巾架中间的位置。

（6）地巾：横折三叠，挂于浴缸边靠尾部1/3位置，正面朝外。

（7）浴帘：反面朝外挂于浴缸尾部浴帘杆上；浴帘尾部垂直于浴缸外部，浴帘钩均匀。

（8）擦鞋布：两个摆放于右边床头柜底格左右下角；底边与床头柜底格外边齐平、中文朝上。

4. 卫生用品配备摆放规范

（1）漱口杯：漱口杯杯柄朝右，倒放于杯碟内，两套放于面盆水龙头左侧。

（2）方巾碟、方巾：方巾碟呈等腰三角形，底边放于靠马桶一侧云石台上方角上；方巾两条，折叠成正方形，并列放于碟内花边以内；方巾碟与墙面距离一指宽，方巾须边相对，两方巾间距离一指宽。

（3）皂碟、香皂：放于面盆水龙头右侧，香皂放于皂碟正中间的位置；皂碟与墙面距离一指宽；香皂标签朝外。

（4）四液：与方巾碟上方平行摆放四液；四液间距相等，从左到右依次摆放洗发水、护发素、沐浴露、润肤露，洗发水及润肤露靠墙距墙为一指宽。

（5）卷纸：放于不锈钢面巾纸盒内，抽出1张面巾纸的3/4折叠成一直角等腰三角形露出不锈钢盒，折叠平整、美观，正对云石台右上角。

（6）面巾纸：放于不锈钢卷纸架上，折成一个直角等腰三角形露出卷纸盖，折叠要求平整、美观。

（7）卫生间易耗品：两套浴帽、棉球棒、指甲挫、梳子、牙具依次摆放，易耗品正面朝上摆放整齐，之间无缝隙。

（8）防滑垫：平整挂于浴巾架底杆正中间位置，两底边齐平。

（9）垃圾桶：垃圾桶套好垃圾袋靠墙竖放于马桶一侧云石台下方，向外拖出距离云石台半个垃圾

（续）

桶位置，内侧紧贴侧墙。

（10）卫生袋：放于马桶水箱盖正中间位置，"卫生袋"字样在左侧。

（11）拖鞋：拖鞋并列平放于鞋篮左边位置，两双拖鞋标志正面朝上，中间不留缝。

5. 文具用品配备摆放规范

（1）文具夹：放于梳妆桌左抽屉右下角，放时紧贴抽屉右下角，开口朝内。

（2）传真纸、信纸：传真纸3张、信纸4张；传真纸重叠在下，插于文具夹右边位置；纸张整齐、无划痕、无折皱。

（3）信封：国内信封3个、国际信封3个；国内信封重叠在下，插于文具夹左侧位置；信封店标朝上，露出"航空"字样。

（4）明信片：两张不同的明信片重叠插于文具夹左侧。

（5）圆珠笔：圆珠笔笔尖朝右，店徽朝外，放于笔盒内，露出笔盒1厘米。

（6）电话号码簿：放于床头柜抽屉左上角位置，封面朝上，左侧边紧贴抽屉内壁。

6. 饮食品、杯具配备摆放规范

（1）洋酒：9瓶洋酒、调酒杯、私人酒吧卡按从左至右的顺序依次摆放于第一层玻璃隔板上；第一瓶洋酒距离吧柜上层左内壁2厘米，摆放顺序与酒吧单顺序相同，洋酒、调酒杯、私人酒吧之间间隔2厘米成一条直线摆放与外边距离为一食指宽，标签朝外。

（2）调酒杯：调酒杯1个，开口朝上，内置餐巾纸两张，调酒棒两根；两餐巾纸左右折叠一次呈扇形形状，两面折叠与店标同宽，标志正面朝外，重叠放于调酒杯内；两调酒棒店标朝外，交叉放于第一张餐内。

（3）私人酒吧卡：私人酒吧卡正面朝外，放置于最末一瓶洋酒旁，酒吧单插入私人酒吧卡内，并用回形针固定至右上角。

（4）冰桶、电热水壶：按左右顺序相对摆放于酒吧托盘上半部的位置上，电热水壶手柄朝右呈45°角。

（5）凉水壶、咖啡盅：按左右顺序相对摆放于托盘下半部，咖啡、奶粉、糖各两包按前后顺序竖放于咖啡盅内；凉水壶手柄朝右呈45°角；咖啡盅平行放于托盘右下侧。

（6）茶包：两种不同品种茶包各两包，呈扇形摆放于托盘内店徽处，露出茶包标志。

（7）饮料与小食：冰箱内饮料按吧单顺序从左到右摆放于冰箱上下两层，巧克力两块重叠平放于柜门方盒内，矿泉水两瓶并列放于柜门下格右边，小食叠放于左边位置。饮料标志朝外，外边与冰箱隔板齐边，饮料无缝隙。

7. 服务指示用品配备摆放规范

（1）浴袍卡：浴袍卡挂于两浴袍前方位置，无折皱、无划痕、正面朝外。

（2）雨伞卡：雨伞卡挂于挂衣杆靠窗户一侧，无皱折、无划痕、正面朝外，紧贴衣柜。

（3）洗衣单：两张洗衣单对折，一张套入另一张折缝内，放于洗衣袋夹第一层中间位置；后一张洗衣单露出全部店标字样，前一张"水洗、干洗、净熨"一行露出洗衣袋。

（4）保险箱使用说明卡：立放于保险柜顶中间位置，外侧底边与保险柜顶外边距离2厘米。

（续）

（5）电视节目单：节目单并放于电视机上方，底边与电视机外侧边齐边。

（6）服务指南：放于梳妆桌下方正中间位置，距台灯5厘米，底边紧靠装饰花边。

（7）客房价目表、地图：客房价目表插于左侧，地图插于右侧，并列放于信纸上方夹格内；客房价目表左侧边与信纸左侧边齐边，地图右侧边与信纸右侧边齐边。

（8）早餐卡：两张早餐卡放于梳妆桌左抽屉左下角，紧贴抽屉左下角，开口朝外。

（9）酒店简介：正面朝上，酒店简介顶部与信封齐边，放于文具夹左侧第一层右边位置。

（10）意见书：放于文具夹左侧第二层左边位置，露出"我们重视您的宝贵意见"字样。

（11）地址卡：放于文具夹左侧第二层意见书右侧。

（12）环保卡：放于文具夹左侧第三层左边，露出环保卡1/2的位置。

8. 其他用品配备摆放规范

（1）衣架：女式衣架、男式衣架各3个，依次挂于浴袍卡前端位置，衣架钩全部朝里，衣架全部正面朝外，衣架无间隙。

（2）洗衣夹：钉于衣柜靠窗户一侧的柜壁右壁的位置，底边与洗衣夹间隔3厘米。

（3）洗衣袋：洗衣袋叠好两个分别放于洗衣袋夹第二层和第三层中间的位置，第二层的洗衣袋露出店标字样，第三层的洗衣袋露出"洗衣袋"字样，宽度均与洗衣单同宽。

（4）鞋抽：手柄一端插入洗衣夹第二层最外端位置，正面朝外，顶端露出洗衣夹第一层1/2位置。

（5）衣刷：手柄一端插入洗衣袋夹第三层最外端位置，与鞋抽成一条直线，毛刷朝外，顶端露出毛刷位置。

（6）雨伞：手柄朝上斜靠于双门衣柜内侧前方右上角的隔板上，系好雨伞带与衣柜侧墙呈30°角。

（7）购物袋：购物袋两个重叠摆放于双门衣柜上层隔板靠窗户位置，底边和一侧边与衣柜隔板边齐边，开口朝内。购物袋拉绳多余部分全部拉入购物袋内。

（8）防毒面具：防毒面具放于单门衣柜上层内侧左角位置，正面朝外，紧贴衣柜左上角。

（9）挂画：挂于墙正中间位置，摆放平稳，不倾斜。

（10）烟灰缸、火柴：摆放于长几正中间的位置；火柴放于烟灰缸右侧边缘中间，划面朝外。

（11）多用插座：放于梳妆桌右边抽屉左下角，线绕四股并用电丝捆好。

（12）针线包：店标朝外，紧贴于文具夹左侧放置。

（13）鞋篮：鞋篮摆放于行李柜隔板外侧，紧靠行李柜靠门一侧，与行李柜隔板外边齐边。

（14）擦鞋纸：擦鞋纸平放于鞋篮右边。

签 阅 栏		签收人请注意，您在此签字时，表示您同意以下两点内容。
		1. 本人保证严格按此文件要求执行。
		2. 本人有责任在发现问题时，第一时间向本文件审批人提出修改意见。
相关说明		
编制人员		审核人员		审批人员	
编制日期		审核日期		审批日期	

九、客房设备用品检查工作标准

酒店客房部服务标准与服务规范文件		文件编号		版本	
标题	客房设备用品检查工作标准	发放日期			

　　1．为了保证客房内设备用品的配备及摆放符合酒店星级标准规定，经研究，酒店客房部在酒店质检工作小组的指导下，特制定本标准。

　　2．本标准适用于客房服务员进行自检、楼层领班及楼层主管等管理人员进行监督检查等工作。

　　3．对客房内设备用品的配备及摆放工作进行检查的工作标准如下表所示。

客房设备用品检查工作标准

检查部位	检查标准
1．房门	（1）门面、门锁、门上标志、猫眼等均无灰尘 （2）门上铜器光亮、无损坏 （3）门锁表面干净无刮痕，门锁、防盗链使用正常 （4）猫眼不松动、干净清晰 （5）房门开启无异声 （6）门后挂钩上挂有"请勿打扰"牌和"早餐卡"，保持两卡干净、无折痕、无破损 （7）房门背面安全通道示意图不松动或歪斜，表面干净，内容清晰，所示房号位置正确
2．行李架	（1）各层清洁、无灰尘 （2）行李架上无破损、无掉漆、无杂物
3．衣柜	（1）衣柜门开关正常，表面干净无尘 （2）衣柜门开关顺畅，轨道干净 （3）衣柜玻璃干净明亮 （4）衣柜内防毒面具完好无灰尘，封条完好无缺损 （5）衣柜内挂衣杆摆放整齐，干净无污渍 （6）衣柜内各个抽屉开关正常，无灰尘、无杂物 （7）擦鞋服务纸、盒摆放正确，无污渍 （8）拖鞋完整，包装袋密封，表面无积尘，无破损
4．梳妆台	（1）台面清洁无灰、无污渍 （2）抽屉内清洁、物品齐全、摆放符合要求 （3）镜框、镜面无灰尘，镜面光亮 （4）梳妆灯罩无灰尘、无破损，灯泡无故障 （5）梳妆凳无灰尘，凳腿牢固

（续）

检查部位	检查标准
5. 书桌	（1）桌面干净、无污渍 （2）桌上物品摆放整齐，符合标准
6. 电视柜电视机	（1）电视柜无损坏、无积尘 （2）柜面玻璃干净明亮 （3）电视柜摆放符合标准，柜内抽屉干净无杂物 （4）电视开关正常，外壳干净无损缺；电视荧屏无尘，无黑渍 （5）电视画面清晰，频道按要求调试正确 （6）遥控器完好干净无积尘，操作正常
7. 床	（1）床头板无浮尘、无掉漆、无开裂、无烧痕 （2）床上用品摆放符合标准，做床符合规定
8. 酒吧柜	（1）台面干净、无灰尘 （2）吧单无涂抹、无破损 （3）橱门开关正常，橱内无杂物、清洁无灰尘 （4）冰箱内无水迹、无油渍、无异味，制冷效果良好，饮料齐全，摆放符合要求 （5）杯具干净，摆放符合标准 （6）冰桶要求无灰尘，无污渍，无水渍，瓶内无积水 （7）酒类、饮料摆放整齐，在保质期内 （8）茶具光亮，无水痕、无茶渍、无破口、无裂纹，茶叶按规定品种备足
9. 空调	（1）空调遥控器干净、无指印、无污痕、不松动 （2）空调过滤网干净，空调运作正常、无噪声
10. 电话机	（1）电话信号、声音正常 （2）电话筒干净、无污渍、无积尘
11. 灯具	（1）灯泡牢固不松动，使用正常 （2）表面无积尘
12. 地毯	（1）地面及边角无杂物 （2）地毯无污染、无黑迹 （3）无开线、无开缝、无破损、无烧烫痕迹
签阅栏		签收人请注意，您在此签字时，表示您同意以下两点内容。 1. 本人保证严格按此文件要求执行。 2. 本人有责任在发现问题时，第一时间向本文件审批人提出修改意见。

相关说明				
编制人员		审核人员		审批人员	
编制日期		审核日期		审批日期	

第五节　楼层服务常用文书与表单

一、做房记录表

房号：　　　　　　　　　　　　　　　　　　　　　　　　　日期：＿＿年＿＿月＿＿日

客房服务员：　　　　　　　　卫生间清洁员：　　　　　　　楼层领班：

序号	房态	进房时间	出房时间	浴液	洗发水	香皂	浴帽	圆珠笔	小铅笔	火柴火机	信纸信封	卫生卷纸	牙刷	浴衣/浴巾	床单枕套	洗脸巾	小方巾	脚垫巾	洗衣袋
1																			
2																			
3																			
...																			
合计																			

填表说明：

1. 每次做房时，由客房服务员填写各类物品使用量，每次填一行，每班填一张，由当班楼层领班签字确认；

2. 房态一般根据酒店规定的简写字母来代替。

二、清洁用品申领表

楼层：　　　　　　　　　　　房号：　　　　　　　　　　　日期：＿＿年＿＿月＿＿日

序　号	领用物品	要　求	供　应	序　号	领用物品	要　求	供　应
1				1			
2				2			
3				3			
...				...			

三、房间清扫记录表

房态	房号	清扫时间	设备是否正常	有否遗留物品	备注

（续表）

备 注	房态一般可用下列字母代替，请参考下表。

房态一览表（示例）

字母	房态	字母	房态	字母	房态
V	空房	R	预抵房	VIP	贵宾
O	走客房	LED	预离房	DND	请勿打扰
OK	准备好出租房	LONG	长住房	H	保留房
X	维修房	I	住客房	EXBD	加床房

注：酒店可根据自身的业务需求，添加其他房态信息。

四、房态检查报表

序 号	重 锁	请勿打扰	有 客	外 宿	离 店	空 房	待 修	备 注
1								
2								
3								
…								

异常情况记录：

五、房态更改记录表

房 号	通知人	通知时间	原房态	更改后房态	更改原因	更改人	恢复时间	备 注
备注	房态一般可用下列字母代替，请参考"房间清扫记录表"备注栏							

填写人： （客房服务员）　　　　　　制表时间：___年___月___日

六、楼层主管报表

楼层主管：

房间号	房 态	服务时间		报房时间	备注（借出租件、清洁状态、备用品等）			
		进	出					
01								
02								
03								
…								
外 宿				预 离				
无行李				换 房				
轻行李				未作服务				
坏 房				贵宾预订				
其 他				在店贵宾				

七、楼层服务白班日志

日 期				客房服务员				
开房记录	普通房间			VIP 房间			团队房间	
	间 数			间 数			间 数	
	房 号			房 号			房 号	
服务情况记录	饮料消耗与补充							
	客人遗留物品							
	使用洗衣服务							
	"请勿打扰"服务							
特殊情况记录								
备 注								

八、楼层服务夜班日志

日 期		夜班领班		夜值服务员	
查楼情况	开夜床房间				
	"请勿打扰"房间				
	已消毒房间				
	甜点发放房间				
	借用物品房间				
特殊情况记录					
备 注					

九、楼层服务交接班记录

日 期		班 号	
出勤人员			
做房情况			
房检情况			
返工情况			
报修情况			
特殊情况			
当班工作评估			
当班记录明细	1. 2. 3.		
当班楼层领班签字： 时间：___年___月___日___时		接班楼层领班签字： 时间：___年___月___日___时	

十、客房酒水饮料申领单

日期	时间	饮料		申领人	备注
		品种	数量		

十一、客房楼层领班查房表

房号：　　　　　　　　　　　　　检查时间：＿＿＿年＿＿月＿＿日＿＿时

房态：　　　　　　　　　　　　　楼层领班：

序号	客　房	查房记录
1	门－锁＋安全链	
2	电器－暖气＋空调	
3	灯－开关＋插头	
4	天花板灯	
5	灯－罩＋灯泡	
6	梳妆台灯	
7	床头柜灯	
8	写字台灯	
9	落地灯	
10	角桌灯	
11	梳妆台－台面＋抽屉	
12	床头柜－台面＋架子	
13	电话	
14	控制板	
15	收音机	
16	电视机＋电视机架	
17	写字台－台面＋抽屉	

（续表）

序号	客　房	查房记录
18	写字台椅	
19	游戏桌／咖啡桌	
20	游戏椅	
21	沙发＋沙发椅	
22	角桌	
23	窗户	
24	窗帘＋窗帘钩	
25	墙	
26	镜子＋客房面	
27	地毯＋踢脚板	
28	天花板＋烟感器	
29	床头板	
30	床罩＋床上用品＋床垫	
31	纸篓	
32	烟灰缸＋火柴	
33	文具夹＋文具及宣传品	
34	针线包＋钢笔	
35	便笺	
36	服务指南	
37	客人意见书	
38	请勿打扰＋清扫房间牌	
39	早餐单	
40	客房餐饮服务菜单	
41	电视节目单	
42	多用袋	
其他备注		

十二、楼层客人流量统计表

日期	楼层	客房数	VIP 房间	出租率	记录人
	一楼				
	二楼				
	三楼				
	……				
备注					

制表人：　　　　　　　　　　　　　　　　制表日期：＿＿＿年＿＿＿月＿＿＿日

十三、楼层物品盘存表

楼层：　　　　　　　　　　第＿＿＿页（共＿＿＿页）　　　　　　　　第＿＿＿号

序　号	名　称	规　格	单　位	单　价	盘点数	账面数	盘盈（亏）
1							
2							
…							
备　注							

十四、楼层每日消耗用品汇总表

物品名称 ＼ 楼层	规格型号	单　位	申请数量	实发数量	单　价	金　额
签字笔						
针线包						
擦鞋纸						
意见书						
礼品袋						
洗衣袋						
服务指南						
一次性拖鞋						

（续表）

楼层 物品名称	规格型号	单　位	申请数量	实发数量	单　价	金　额
茶叶（绿/红茶）						
牙　具						
沐浴液						
洗发液						
其　他						

十五、楼层客用品月消耗对比表

品　名	单位	单价 （元）	上月 消耗	金额 （元）	本月 消耗	金额 （元）	与上月相比	
							增加 （%）	减少 （%）
签字笔								
开瓶 扳手								
卫生袋								
针线包								
擦鞋纸								
杯　垫								
行李牌								
意见书								
维修单								
店　卡								
明信片								
塑料 提包								
牙　具								

（续表）

品　名	单　位	单价（元）	上月消耗	金额（元）	本月消耗	金额（元）	与上月相比	
							增加（%）	减少（%）
服务指南								
洗发液								
沐浴液								
其　他								
合　计								

上月住客率	本月住客率	与上月相比	与上月每间房消耗额	本月每间房消耗额
		增____%	减____%	

十六、住店客人意见征询表

1. 总体而言，客房服务与阁下的期望相比如何？				
□很好	□好	□一般	□较差	□非常差
2. 阁下认为客房的卫生条件怎样？				
□很好	□一般	□较差	□非常差	
3. 阁下认为客房楼层的服务哪些还需再加强？				
□客房服务中心服务	□开床服务	□洗衣服务	□清洁服务	□维修服务
4. 阁下认为酒店哪些服务最值得称赞？				
□客房服务中心服务	□开床服务	□洗衣服务	□清洁服务	□维修服务
5. 请阁下留下您的宝贵意见 （1） （2） （3）				
备　注				

十七、客房清扫派工单

房号	房态	床位数		清扫时间	卫生计划	布草使用情况					
		登记数	实用数			床单	枕套	浴巾	毛巾	方巾	地巾

第六节　楼层服务质量提升方案

一、客人投诉的处理方案

标　题	客人投诉的处理方案		文件编号		版本	
执行部门		监督部门			考证部门	

一、目的

为了规范客房部楼层服务各个岗位对客人投诉的处理工作，特制定本方案。

二、适用范围

本方案适用于所有楼层客房服务人员对投诉事项的处理。

三、处理态度

客房服务人员在接待并处理客人投诉时，要主动、热情、耐心。负责处理客人投诉的人员应单独同客人接触，仔细询问投诉内容、原因、事情发生的时间、地点、涉及人员、客人要求等具体情况，并耐心倾听。

四、处理方法

1. 站在客人的立场上表示同情，及时道歉，不要争辩或找借口，对待客人的投诉要做到不急躁、不推托、不怠慢。

2. 根据国家旅游局和酒店投诉处理的有关规定，区别不同情况做不同处理。

（1）涉及服务态度、礼节礼貌、服务语言等能够及时解决的投诉，且属于酒店方面的原因，要向客人表示歉意，求得客人的原谅。

（续）

（2）事实有待调查的投诉，要先做好记录，请客人等候，迅速同有关部门或人员接触，调查清楚事实，请求上级后提出处理意见，及时转告客人；必要时请有关人员同客人接触，讲清事实真相，求得客人谅解。

（3）属于客人不了解情况或酒店有关规定引起的投诉，要向客人解释要耐心，消除误解。

（4）客人离店后以书面形式寄来的投诉，要专项调查，了解事实要清楚、准确，报告客房部经理，提出处理意见，最后复函告诉客人处理的结果。

3. 所有投诉处理要做到事实清楚，符合酒店规定，客人基本满意。

4. 客房部定期分析客人投诉，及时发现带倾向性的问题，提出改进措施。做到不断提高服务质量，使得客人投诉逐渐减少，保证已处理并解决过的客人投诉基本不再发生。

相关说明	

二、客人异常行为的处理方案

标　题	客人异常行为的处理方案	文件编号		版本	
执行部门		监督部门		考证部门	

一、目的

为了妥善处理住店客人的某些异常行为，保证酒店的财产安全及所有住店客人的安全，特制定本方案。

二、适用范围

本方案适用于所有楼层客房服务人员。

三、含义界定

1. 客人藏有异常物品，如武器、易燃易爆物品、放射性物品以及其他有刺激性气味的物品。

2. 客人带宠物入店居住。

3. 客人带其他人（不在酒店居住的人）进入自己的房间。

4. 蓄意破坏酒店设备设施。

5. 在酒店墙壁上进行任意粘贴。

6. 客人醉酒。

7. 过多索要客用品。

8. 打听酒店经营信息。

四、处理方法

1. 服务员如果发现客人房间内有武器（包括匕首、气枪等）、易燃易爆品、兴奋剂、放射性物品或有刺激性气味的物品，须详细记录，并及时上报。

（续）

2. 服务员发现客房内有客人私自带入的宠物时，不准直接指责客人，须礼貌地提醒客人注意酒店的有关规定，并记录其情况上报楼层主管；如客人1天内仍没有做出相应处理时，须报请大堂副理进行处理。

3. 客人带朋友回房，服务员须马上通知楼层领班，并记录，以防住客日后报失财物。根据酒店规定，若超过午夜24：00，必须注册登记。

4. 如发现客人故意毁坏酒店的设备，服务员发现后要马上通知领班转告大堂副理。

5. 服务员发现客人在房间内用胶纸、图钉、钉子等其他方式悬挂张贴刊画图片时，须礼貌地提醒客人酒店的有关规定，并记录其情况上报楼层主管；不准私自替客人摘取贴挂物。

6. 如果发现大吵、大闹的醉酒客人，服务员须留意、监视，并马上报告值班主管、安保部，一同将客人送至其房间，安抚客人休息，在客人床头放置茶水、面巾纸，并在床头放置垃圾桶，以防客人呕吐的情况发生，对客人的呕吐物要及时清理，并注意不让客人吸烟，随时留意客人房间动静，不准向客人说刺激性的话语，如"你喝多了"等。

7. 如果客人不断索要房间用品，而且服务员已补充足够，他们仍要求更多并将之收藏，那么服务员应告之领班并记录下来，并予以礼貌地婉拒。

8. 如客人有同性恋行为，应该给予尊重，只要他们不骚扰别人，服务员不应打扰客人。

9. 处理客人的其他要求。

（1）当客人向服务员打听其他客人的情况，或打听酒店员工的情况时，须以不清楚为由，婉言推托。

（2）凡客人问到涉及酒店经营数字时，须以不清楚为由，婉言推托，或可建议客人到有关部门询问。

（3）当客人提出私下交朋友的要求时，服务员须礼貌谢绝，并讲明工作繁忙或已有约会。

（4）对客人提出让服务员找人或找地方寻欢作乐的情况时，服务员须向客人解释本店无此项服务，但不准向客人说教或耻笑客人。

（5）如果客人要求服务员下班后作其出游向导，房务员应礼貌地婉拒并强调酒店内有专门负责市内旅游的服务。

相关说明	

三、客人要求开门的处理方案

标　题	客人要求开门的处理方案		文件编号		版本
执行部门		监督部门		考证部门	

一、目的
为了规范客房服务员为客人开门的服务行为，及时为客人提供开门服务，特制定本方案。

（续）

二、适用范围

本方案适用于所有客人要求开门的情景，具体情景如下。

1．客人将房间的钥匙或房卡落在房间内，无法进入房间时。

2．客人房间的钥匙或房卡不好用打不开房间门时。

3．客人房间的钥匙或房卡丢失时。

三、处理程序

当客人要求服务员为其开门时，服务员可根据不同的情况选择不同的处理方法。

1．客人将房间的钥匙或房卡落在房间内，无法进入房间，服务员遇到此种情景时，应按照如下程序进行处理。

（1）服务员与前厅联系，要先确认客人的身份。

（2）客人身份经证实后，方可代客人打开房门。

2．客人房间的钥匙或房卡不好用打不开房间门，服务员遇到此种情景时，应按照如下程序进行处理。

（1）服务员让客人先用自己的房卡或钥匙当场开门。若客人打不开，服务员再使用客人的房卡或钥匙代客开门。

（2）房门打开后，将钥匙或房卡的正确使用方法告诉客人。

（3）若服务员用客人的钥匙也打不开房门时，服务员可以使用自己的房卡或钥匙代客人开门。但服务员要注意的是，不要轻易使用自己的钥匙为客人打开房门。

3．客人房间的钥匙或房卡丢失，服务员遇到此种情景时，应按照如下程序进行处理。

（1）请客人到前厅接待处办理有关手续。

（2）办理完相关手续后，服务员可用自己的钥匙为客人打开房门。

四、注意事项

1．如住店客人事先要求服务员为来访客人开门，须留条写明来访客人的姓名、性别、单位等有关情况，并签名；来访客人抵达时，服务员须请客人出示有关证件，与客人留条核对无误后方可开门。

2．在任何情况为客人开门后，都应将详细过程记录下来。

3．服务员不要轻易使用自己的钥匙为客人打开房门。

相关说明	

四、客房清洁作业的控制方案

标　　题	客房清洁作业的控制方案		文件编号		版本	
执行部门		监督部门			考证部门	

一、目的

为了保证客房服务员及时按服务标准完成清洁作业，为宾客提供整洁的房间、优雅的环境，使宾客心情舒畅、轻松愉快，特制定本方案。

二、适用范围

本方案适用于本酒店而客房清洁工作过程的管理控制。

三、客房清洁作业准备控制

1. 明确客房清扫原则

客房相关项目的清扫频率应根据物品特性和使用情况有所区分，一般可分为以下三种情形。

（1）每天都要进行的工作，如床铺的整理、地毯、写字台的除尘。

（2）隔一段时间才进行的工作，如翻转褥垫、换床罩、除污、维修等。

（3）不定期的清扫，视具体情况而定。

2. 掌握客房清扫顺序

（1）淡季时，应按 VIP 客房→前厅部指示要尽快打扫的房间→已挂上"请速打扫"牌的房间→走客房间→其他客房→空房的顺序进行清扫。

（2）旺季时，酒店用房紧张，客房清扫一般要依照 VIP 客房→前厅部指示要尽快打扫的房间→空房可以在几分钟内打扫完毕，以便尽快交由前厅部使用→走客房间（旺季时，应优先打扫，以便办理入住）→门口挂的"请速打扫"牌的房间→其他住店宾客房间的顺序进行清扫。

3. 清扫前工作准备

（1）服务员上班后，应换好工作服，戴上胸牌，梳理好头发，女服务员可进行适当化妆。

（2）客房服务员听取楼层领班的工作安排，领取清洁用品、工作车和"客房清扫日报表"。

4. 领取房间钥匙

（1）服务员拿到钥匙后即应开展客房清扫工作。

（2）为确保楼层客房的安全，服务员领取钥匙时应做好钥匙的交接记录。

（3）客房的钥匙不得随便交给他人，禁止携带回家。

5. 准备客房补充用品

（1）客房毛巾、浴巾、床单、枕套、桌布等物品日需用量较大，酒店应有一定数量的库存以应急需。一般情形下，上述物品的比例应是使用的床位和卫生间的五倍。

（2）客房供应品如香皂、卫生纸、手巾、杯子、袋子、擦鞋布及其他物品存于客房部，以便随用随取。

（3）将客房补充用品及清洁用品置于工作车上。

（续）

四、客房清扫程序控制

1. 进入客房前的规范

（1）酒店禁止员工在在走廊上谈话，更不许大声喧哗。

（2）如客房门上挂有"请勿打扰"牌，则服务员不要进房。

（3）如住店宾客在中午或下午，甚至黄昏仍未离房，应向主管报告，交接班时应交代清楚。

（4）进入客房前一定要先按门铃，或用手指轻敲房门，对于空房也应按此规定进行，防止房内有宾客。

2. 清理前的准备

（1）缓缓把门推开，把"正在清洁"牌挂于门锁把手上，房门打开，至工作结束为止。

（2）插电卡、打开电灯，检查电灯及其他电器有无故障。

（3）把小垫毯放在卫生间门口的地毯上，清洁小桶放在卫生间云石台在一侧。

（4）把窗帘、窗纱拉开，让房间空气流通，使室内光线充足，便于清扫。

3. 客房清洁整理

（1）按次序检查衣柜、抽屉，如有宾客遗留物品应在第一时间交给领班，并在"卫生日报表"上记录。

（2）撤掉用过的杯具、加床或餐具。

（3）清理床铺，将宾客用过的床罩、床单、枕套等脏布草撤换掉。

4. 做床

（1）做床规范

①撤床，站在床头中间位置，将床拉出距床头板40~50厘米左右，拉床时双膝下蹲动作要轻稳、检查床的脚轮是否灵便，一条一条撤床单与枕套，不要强力拉拽，注意不要将客人的衣物裹走。撤下的床单与枕套应直接放入布巾袋中，不要放在地毯上。

②带入干净的床单、枕套，不要夹带脏物品。

③撤毛毯应叠好放在椅子或沙发上备用，不要用力拽或撤下抛放在地毯上。

④做床前要整理床垫及床褥，清理毛发及杂物，按规范要求定期翻转床垫。

（2）做床操作步骤及标准

①站在床尾，将第一个床单抖开、正面向上、中心线居中、四周均匀，然后包边包角，直角或斜角均可。抖床单时应注意床头柜上宾客放的小件物品，不要抖落。有损坏和印迹的床单、枕套不能使用。

②将第二个床单抖开，正面向下，中心线与第一个床单中心线对齐，床单的前端多出床垫5厘米，然后将毛毯抖铺在床面上，毛毯前端与床垫齐平，毛毯商标应与床尾中心线和床单中线对齐、用多出床垫5厘米的床单包好毛毯前端边后再反折30厘米，然后将床尾两角包好直角或斜角。

③将枕袋抖开，把枕芯左右两角对折平稳送入枕袋后放开两角，用同样的方法将后两角套入枕袋口内，套好的枕四角塞满枕形挺括，摆放时位置适中距床头10厘米，两个枕开口与床头柜反方向。

（续）

④铺床罩中心线要对正，两侧部分相等，先将床尾定位以不拖地为准，然后将多余部分塞入两枕之间，留出部分罩枕。

⑤将床做好后，推回原位，检查外形做必要的调整。注意床上不能有毛发。

5．抹尘

（1）从门牌、门铃开始抹起至门框、门的内外，注意小心抹拭门把手和门后的安全图，按一定的方向，从上到下，把房间的家具、物品抹一遍，并要注意家具的底部、边角位均要抹到。

（2）服务员在抹尘时，要注意以下问题。

①干、湿抹布区别使用。如对镜子、灯具、电视机等设备物品应用干布抹拭；家具软面料上的灰尘要用专门的除尘器具；墙纸上的灰尘切忌用湿抹布擦拭。

②检查房内电器设备。在抹尘过程中，如发现客房内的家具及设备有损坏，要及时通知工程部修理。

③经过干擦以后，房内设施、设备如仍有污迹或不光滑，还要借助于抛光剂、洗涤剂等对家具进行抛光和洗涤等工作。

6．清扫卫生间

（1）放水冲马桶，用清洁剂喷洒面盆、浴缸、马桶。

（2）处理宾客用过的面巾、方巾、浴巾、脚巾等。

7．补充用品

（1）补充房内及卫生间内的用品，均须按酒店的要求和规定摆放整齐。

（2）面巾纸、卷纸要折角，既美观又方便宾客使用，面巾、方巾、浴巾、脚巾按规定位置摆放整齐。

8．清扫完毕离房

（1）自我检查。房间清扫完毕，客房服务员应回顾一下房间，看打扫得是否干净，物品是否齐全，摆放是否符合要求，清洁用品或工具是否留下。

（2）离开时将房内的灯全部熄灭，将房门轻轻关上，取回"正在清洁"牌，及时填写"客房清扫日报表"，登记进离房间的时间、打扫内容、补充的用品以及需维修的项目等。

五、住客房清扫注意事项

1．宾客在房间时的清扫

（1）应礼貌地问好，询问宾客是否可以清洁房间。

（2）清扫动作要轻，不要与宾客长谈。

（3）若遇到有来访宾客，应询问是否继续进行清洁工作。

（4）清洁完毕，应询问宾客是否有其他吩咐，然后向宾客行礼退出房间，并轻轻地关上房门。

2．宾客中途回房处理

（1）在清洁工作中，遇到宾客回房时，要主动和宾客打招呼问好。

（2）征求意见是否继续打扫清洁，如未获允许应立即离开。

（续）

（3）等宾客外出后再继续清扫。

3．房间电话铃响处理

房间电话是宾客主要的通信工具，使用权属于宾客，为了避免误会和不必要的麻烦，在清洁过程中，如电话铃响不要接听。

4．损坏宾客物品时的处理

进行住房清扫工作时应该小心谨慎，不要随意移动宾客物品，必要时应轻拿轻放，清扫完毕要放回原位。如不小心损坏宾客的物品，应如实向楼层领班反映，并主动向宾客赔礼道歉。如属贵重物品，在相关人员陪同下前往宾客处征求意见，对方要求赔偿时，则应根据具体情况由客房部出面给予赔偿。

5．其他相关注意事项

（1）宾客的文件、书报等不要随便合上，不要移动位置，更不准翻看。

（2）除放在垃圾桶里的东西外，其他东西、物品不能丢掉。

（3）不要触摸宾客的手机、手提电脑、钱包、手表、戒指等贵重物品。

（4）对于长住房，清扫时应注意宾客物品的摆放习惯。

五、客房卫生检查的实施方案

标　　题	客房卫生检查的实施方案		文件编号		版本	
执行部门		监督部门			考证部门	

一、目的

为了督促客房卫生项目的及时完成，保证客房的清洁、整齐与卫生，提高宾客对客房质量的满意度，特制定本方案。

二、适用范围

本方案适用于所有客房及相关卫生项目的检查。

三、客房卫生检查内容

1．服务员自查

服务员在整理客房完毕并交上级检查之前，应对客房设备的完好、环境的整洁、物品的布置等情况做自我检查。这些在服务员的日常工作程序中已有相关规定。

2．领班查房

通常，一个早班领班应带6~10名服务员，负责60~80间客房，要对每间客房都进行检查并保证质量合格。鉴于领班的工作量较重，本酒店要求早班领班应对走客房、空房及贵宾房进行普查，而对住客房要实施抽查。

3. 主管抽查

本酒店查房制度规定了客房主管抽查客房的最低数量，通常是领班查房数 10% 以上。同时，客房主管应仔细检查所有的贵宾房并抽查住客房。

4. 经理查房

本酒店查房制度规定了客房部经理每年至少要进行两次客房的家具设备与卫生状况的检查。这种检查一般都是定期进行的。

四、查房流程及要求

查房流程与整理客房的程序基本一致。查房时应按顺时针或逆时针方向循序渐进，发现问题应当马上记录，及时解决。日常查房的项目及标准如下表所示。

查房项目及标准一览表

检查区域	检查项目	要求及标准
房间	1. 房门	无指印，锁完好，完全指示图等完好齐全，请勿打扰牌及餐牌完好齐全，安全链、窥镜、把手等完好
	2. 墙面和天花板	无蛛网、斑迹、无油漆脱落和墙纸起翘等
	3. 护墙板、地脚线	清洁、完好
	4. 地毯	吸尘干净，无斑迹、烟痕；如需要，则作洗涤、修补或更换的标记
	5. 床	铺法正确，床罩干净，床下无垃圾，床垫按期翻转
	6. 硬家具	干净明亮，无刮伤痕迹，位置正确
	7. 软家具	无尘无迹，如需要则作修补、洗涤标记
	8. 抽屉	干净，使用灵活自如，把手完好无损
	9. 电话机	无尘无迹，指示牌清晰完好，话筒无异味，功能正常
	10. 镜子与画框	框架无尘，镜面明亮，位置端正
	11. 灯具	灯泡清洁，功率正确，灯罩清洁，接缝处面向墙，使用正常
	12. 垃圾桶	状态完好而清洁
	13. 电视与音响	清洁，使用正常，频道应设在播出时间最长的一档，音量调至偏低
	14. 壁橱	衣架的品种、数量正确且干净，门、橱底、橱壁和格架清洁完好

（续）

检查区域	检查项目	要求及标准
房间	15. 窗帘	干净、完好，使用自如
	16. 窗户	清洁明亮、窗台与窗框干净完好，开启轻松自如
	17. 空调	滤网清洁，工作正常，温控符合要求
	18. 小酒吧	清洁、无异味，物品齐全，温度开在低档
	19. 客房用品	数量、品种正确，状态完好，摆放合格
卫生间	1. 门	前后两面干净，状态完好
	2. 墙面	清洁、完好
	3. 天花板	无尘、无迹，完好无损
	4. 地面	清洁无尘、无毛发、接缝处完好
	5. 浴缸	内外清洁，镀铬件干净明亮，皂缸干净，浴缸塞、淋浴器、排水阀和开关龙头等清洁完好，浴帘干净完好，浴帘扣齐全
	6. 脸盆及梳妆台	干净，镀铬件明亮，水阀使用正常，镜面明净，灯具完好
	7. 坐厕	里外都清洁，使用状态良好，无损坏，冲水流畅
	8. 抽风机	清洁，运转正常，噪声低，室内无异味
	9. 客房用品	品种、数量齐全，状态完好，摆放正确
备注	本检查表内容应随酒店客房设备更新，而不断进行调整和更新	

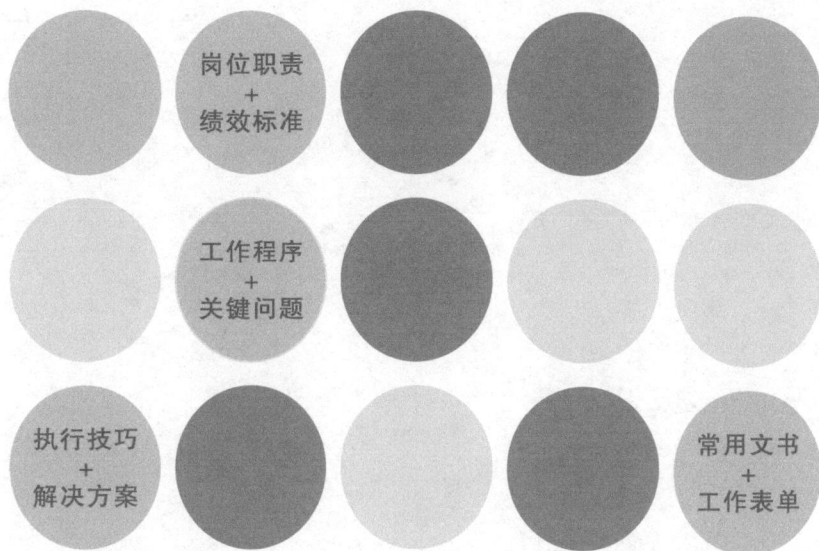

岗位职责
+
绩效标准

工作程序
+
关键问题

执行技巧
+
解决方案

常用文书
+
工作表单

第四章

公共区域服务精细化管理

第一节　公共区域岗位描述

一、公共区域服务岗位设置

公共区域服务岗位设置	人员编制
客房部经理	经理级＿＿人
客房服务中心主管　楼层主管　公共区域主管　洗衣房主管　布草房主管	主管级＿＿人
保洁领班　绿化领班	领班级＿＿人
保洁员　园艺工	专员级＿＿人
相关说明	

二、公共区域主管岗位职责

岗位名称	公共区域主管	所属部门	客房部	编　　号	
直属上级	客房部经理	直属下级	保洁领班 绿化领班	晋升方向	

所处管理位置	

```
              ┌─────────────┐
              │  客房部经理  │
              └──────┬──────┘
                     │
              ┌─────────────┐
              │ 公共区域主管 │
              └──────┬──────┘
           ┌─────────┴─────────┐
    ┌──────────┐        ┌──────────┐
    │ 保洁领班 │        │ 绿化领班 │
    └──────────┘        └──────────┘
```

职责概述	组织开展公共区域的清洁与绿化工作，负责公共区域清洁、绿化工作的质量管理，保持公共区域清洁卫生达到标准、各项工作正常运转

职　　责	职责细分	职责类别
1. 制订公共区域各项工作计划	（1）制订公共区域日常、周期、季度等各项工作计划，报客房部经理审批后，组织实施	周期性
	（2）制订和编排公共区域大清洁工作计划、防疫杀虫工作计划和人力安排计划，确保清洁、杀虫期间不影响酒店的正常营业	周期性
	（3）制订各项清洁设备的管理、使用和养护计划	周期性
2. 清洁与绿化工作的质量管理	（1）检查公共场所设备运转情况及其卫生清洁工作的质量	日常性
	（2）检查酒店公共区域的清洁及绿化的工作质量	日常性
	（3）巡查庭院花草树木与绿化设施，保证绿化系统的运作良好，发现问题及时处理或向有关部门反映	日常性
	（4）做好重大节日、重要会议、宴会和贵宾到访之前的布置检查工作	特别工作
	（5）审核绿化领班上交的"绿化费用报表"并作出批示	周期性
3. 物资管理	（1）负责公共区域内财产和物料的管理与领用	日常性
	（2）定期检查各类消耗品的库存量、核算销耗量，以便及时申购	周期性
	（3）做好公共区域各项成本费用的预算及控制工作	日常性

（续）

职　　责	职责细分	职责类别
4. 员工管理	（1）制订员工培训计划，督导员工正确使用各种设备和节约物料用品，并督促其做好设备的维护保养和保管工作	周期性
	（2）定期对本部员工进行绩效评估，实施奖惩	周期性

三、保洁领班岗位职责

岗位名称	保洁领班	所属部门	客房部	编　号	
直属上级	公共区域主管	直属下级	保洁员	晋升方向	

所处管理位置	

公共区域主管
├─ 保洁领班 ── 保洁员
└─ 绿化领班 ── 园艺工

职责概述	协助公共区域主管组织做好公共区域的清洁卫生与设备养护工作	
职　　责	职责细分	职责类别
1. 公共区域卫生清洁管理	（1）协助公共区域主管制订公共区域清洁计划，并组织实施	周期性
	（2）组织做好公共区域设备设施的清洁与养护	日常性
	（3）督导保洁员做好清洁设备的使用与清洁保养	日常性
	（4）听从主管安排，组织做好重大节日、重要会议、宴会和贵宾到访之前的布置工作	特别工作
	（5）监督保洁员使用消耗品的情况，协助公共区域主管做好成本控制工作	日常性
2. 员工管理	（1）协助公共区域主管做好保洁员的技能培训，确保其安全、正确地操作机器设备	周期性
	（2）编排班组员工的班次，根据客情需要及员工特点安排日常工作	日常性
	（3）记录班组内员工的考勤，负责对员工工作质量的考核	日常性

四、保洁员岗位职责

岗位名称	保洁员	所属部门	客房部	编　　号	
直属上级	保洁领班	直属下级		晋升方向	

所处管理位置	 公共区域主管 保洁领班 保洁员
职责概述	做好公共区域的卫生保洁及保养工作，为客人营造洁净舒适的环境

职　　责	职责细分	职责类别
1. 清洁工作	（1）负责责任区域内清洁卫生工作，使责任区域内的卫生处于最佳状态	日常性
	（2）及时清理垃圾，下班前将清洁工具、用品放回固定存放处，并做好清点工作	日常性
	（3）负责清洁设备、工具及清洁用品的保管和使用	日常性
	（4）随时检查公共区域各通道，有垃圾要立刻清扫	日常性
2. 保养工作	（1）定期对公共区域内设备用品进行保养工作，及时填写保养记录表	周期性
	（2）对清洁设备、清洁机械定期实施保养，做好保管工作	周期性
3. 服务工作	（1）及时配备、补充公共区域客用卫生间内的物品，如卫生纸、洗手液以及干手机等	日常性
	（2）根据实际情况，为使用公共区域客用卫生间的客人提供协助，如开门、递纸巾等	日常性
	（3）提高警惕，注意防火、防盗、防破坏，发现可疑情况及时报告有关部门	日常性

五、绿化领班岗位职责

岗位名称	绿化领班	所属部门	客房部	编　号	
直属上级	公共区域主管	直属下级	园艺工	晋升方向	

所处管理位置	

职责概述	组织做好酒店室内外的绿植养护及管理工作，保持酒店环境的美观	
职　责	**职责细分**	**职责类别**
1. 绿化班组工作管理	（1）协助公共区域主管制订酒店绿化工作计划，并组织实施	周期性
	（2）根据各部门的"用花申请单"，制订绿化班组的花卉、植物、工具等的购置计划，报上级审批后，报采购部	周期性
	（3）负责绿化班组的成本控制，编制绿化费用日报表、月报表，交公共区域主管审核	日常性
2. 督导室内植物绿化工作	（1）组织实施室内植物、花卉的养护及保洁工作	日常性
	（2）制订室内植物、花卉的摆放更换计划，并组织实施	周期性
	（3）选择花材及插花器皿，指导插花工作	日常性
	（4）负责安排酒店宴会、贵宾到达之前的绿植布置工作	特别工作
3. 督导室外园林绿化工作	（1）组织安排酒店室外的园林绿地养护工作	周期性
	（2）负责安排酒店室外的花坛组摆及定期更换	周期性
4. 绿化班组员工管理	（1）对园艺工进行培训，确保绿化工作的正常进行	周期性
	（2）根据工作情况安排园艺工的班次，保证绿化班组的工作效率	日常性
	（3）检查园艺工的工作质量，发现问题及时解决	日常性
	（4）检查园艺工的出勤情况，并根据其工作情况向主管提出奖惩计划	日常性

六、园艺工岗位职责

岗位名称	园艺工	所属部门	客房部	编　号	
直属上级	绿化领班	直属下级		晋升方向	

所处管理位置	<div style="text-align:center">公共区域主管 ↓ 绿化领班 ↓ 园艺工</div>
职责概述	负责酒店内外植物和花房内的绿化、保养等工作，尽量延长植物寿命，保持美观

职　责	职责细分	职责类别
1. 室内植物布置与养护	（1）做好酒店内花草树木、盆景的修剪和栽培	日常性
	（2）根据公共区域大清洁工作计划，负责室内植物的检查、保养，要求每盆植物的卫生与状态都符合酒店规定	周期性
	（3）对各区域的鲜花、植物做好更新、清洁工作	周期性
	（4）做好酒店宴会及会议的绿植布置	特别工作
2. 室外园林绿地养护与环境卫生	（1）巡查各区域的鲜花，发现有残次、枯萎及人为损坏及时更换、补充，并做好记录	日常性
	（2）负责酒店建筑外的环境卫生和园林绿地养护，保证酒店建筑周围无杂物、无异味、无卫生死角	周期性
	（3）定期喷洒杀虫药物；捕捉老鼠；定期灭蟑螂、白蚁	周期性
	（4）负责花房的清洁工作，确保花房无垃圾、无杂草	日常性
3. 其他相关的园艺工作	（1）根据客人的接待等级及相关要求，插不同造型的花	特别工作
	（2）及时回收各区域的插花器皿，并清洗干净使用	特别工作

第二节　公共区域岗位考核量表

一、公共区域主管绩效考核量表

序号	考核内容	考核指标及目标值	考核实施	
			考核人	考核结果
1	制订公共区域各项工作计划，并组织实施	计划有效实施率达____%以上		
2	控制费用开支	月平均成本控制在____万元以下		
3	督促员工做好设备保养	设备完好率达____%以上		
4	制订员工培训计划	培训计划有效实施率达____%以上		

二、保洁领班绩效考核量表

序号	考核内容	考核指标及目标值	考核实施	
			考核人	考核结果
1	组织做好公共区域卫生清洁工作	卫生检查合格率达____%以上		
2	组织做好宴会等重要会议及贵宾到访之前的布置工作	客人对宴会现场布置的满意度评分平均达____分		
3	编排员工班次，合理安排公共区域的卫生清洁工作	员工排班表按时编制率达____%　公共区域各项工作按计划完成率达____%		
4	对员工开展业务技能培训	员工培训考核达标率达____%以上		

三、保洁员绩效考核量表

序号	考核内容	考核指标及目标值	考核实施	
			考核人	考核结果
1	清洁公共区域的卫生	无卫生死角，卫生检查合格率达____%		
2	清扫公共区域各通道	通道畅通，发现堆放物品次数为____（通常为0）		
3	定期为公共区域内设施设备做保养	设施设备正常使用率达____%以上		
4	补充公共客用卫生间用品	公共客用卫生间用品补充及时率达____%		
5	礼貌为客人服务	因服务不当导致客人有效投诉率为____%（通常为0%）		

四、绿化领班绩效考核量表

序号	考核内容	考核指标及目标值	考核实施	
			考核人	考核结果
1	组织实施室内绿植花卉的保洁养护工作	绿植花卉保洁工作完成率达____%		
2	制订花卉摆放更换计划	更换及时率达____%以上		
3	组织安排园林绿地养护工作	养护及时率达____%以上		
4	负责绿化班组的成本控制	年节约成本____万元		
5	培训员工绿化知识技能	培训考核达标率达____%以上		

五、园艺工绩效考核量表

序号	考核内容	考核指标及目标值	考核实施	
			考核人	考核结果
1	修剪酒店内花草树木等	花草树木及时修剪率达____%以上		
2	定期更换鲜花、植物	鲜花、植物及时更换率达____%以上		
3	负责宴会、会议的绿植布置	客人对宴会、会议的环境满意度评分达____分以上		
4	负责酒店外的环境卫生	卫生检查合格率达____%以上		
5	定期为植物杀虫、施肥	植物因虫吃、营养不良枯萎及死亡率控制在____%以下		
6	负责花房的清洁保养	花房卫生合格率在____%以上		

第三节　公共区域工作程序与关键问题

一、地毯干洗工作程序与关键问题

地毯干洗工作程序	工作目标
	地毯清洗后应保持干净、松软
	关键问题点
	1. 清洗轨迹须呈弧形，重叠清洗

开始

用吸尘器彻底吸尘

用清洁剂擦除严重污染处

将干泡清洁剂倒入打泡机

开动打泡开关，泡沫涌出刷盘即可

① 开动干洗机，横向移动清洗

清洗完毕，晾干

用吸尘器吸去污物结晶粉末

结束

二、地毯抽洗工作程序与关键问题

地毯抽洗工作程序	工作目标
	清洗后使地毯干净、无污渍，延长地毯使用寿命

	关键问题点

（地毯抽洗工作程序流程图）

开始
↓
配制 1:20 的清洁剂
↓
将清洁剂倒入地毯抽洗机的水箱内
↓
在污水箱内加入消泡剂
↓
向水囊中加入热水
↓
按下启动开关
↓
逆时针转动清洗刷高度调节手柄
↓ ①
按下地毯清洗钮，推动机器清洗
↓
切断电源，排空污水
↓
排空污水后立即堵上排水管及清洗水箱
↓ ②
将地毯抽洗机存放到原来位置
↓
晾干或用吹风机吹干地毯
↓ ③
记录清洗地毯时间、事项
↓
结束

关键问题点

1. 清洗地毯时，应按顺序进行，一排重叠一排，重叠尺寸约为 5 厘米，以避免漏洗
2. 清洗完毕将清洗刷升至存放位置，以防清洗刷的刷毛被压平
3. 地毯抽洗注意事项
   （1）一般来说，对于走动不多的地方，抽洗频率为 1 年一次；走动较多的地方半年或 3 个月一次；走动非常多的地方 1 个月一次
   （2）地毯抽洗次数多，会使地毯凹凸不平，所以每进行一次抽洗，都要做详细记录

三、地板起蜡工作程序与关键问题

地板起蜡工作程序	工作目标
开始 将需要起蜡的地面区域封闭 将起蜡水与清水按一定比例勾兑 将起蜡水注入洗地机水箱 开动洗地机，将除蜡水注入地面 逐行洗擦地面 隔3～5分钟，再洗擦一遍 ① 用吸水机吸干蜡水 用清水再次洗擦地面 用吸水机吸干地面水分 风干地面 风干后解除封闭 结束	起蜡完全、彻底，不留蜡痕
	关键问题点
	1. 再次洗擦地面时，无需加起蜡水

四、地板打蜡工作程序与关键问题

地板打蜡工作程序	工作目标
开始 ↓ 清理地面的水、泥渍、污渍、垃圾 ↓ 清洁地面，晾干 ↓ 将底蜡摇匀，开始用毛巾打蜡 ①↓ 打第一层底蜡，晾干 ↓ 打第二层底蜡，晾干 ↓ 将面蜡摇匀，倒入另一个桶 ↓ 打第一层面蜡，晾干 ↓ 待蜡面干后，抛光 ↓ 将浮蜡擦去 ②↓ 收回并清洁打蜡的机械设备 ↓ 结束	打过蜡的地面无尘、光亮，无浮蜡

工作目标

打过蜡的地面无尘、光亮，无浮蜡

关键问题点

1. 打蜡后等待晾干的时间约为20~45分钟
2. 当机械设备使用完毕，应先关机再拔掉电源插头，用毛巾擦干后绕回机身；针座、洗地擦、水桶等配件用后要取下；再次开机前应检查机器是否正常才能开始打蜡工作

五、烟灰桶清洁工作程序与关键问题

烟灰桶清洁工作程序	工作目标
开始 ↓ 清理烟灰桶内的烟头 ↓ 将烟灰桶搬出准备清洁 ↓ 将烟灰桶擦干净 ① 倒出不锈钢盒内的石粒 ↓ 将不锈钢盒擦拭干净 ↓ 放入干净的石粒 ↓ 定期用水加漂白剂清洗石粒 ↓ 清洁后将烟灰桶搬回原位 ↓ 结束	随时保持烟灰桶和石粒干净、无污物
	关键问题点
	1. 清洁烟灰桶的内部和表面，注意清洁烟灰桶的后部，需要时可加清洁剂擦拭

六、电梯清洁保养工作程序与关键问题

电梯清洁工作程序	工作目标
开始	电梯清洁后要保证无尘、无手印、光亮
↓	
用钥匙停住电梯，准备清洗	
↓	**关键问题点**
清扫电梯地面	1. 使用家具蜡为木质板打蜡、上光
↓	2. 要根据地面材质的不同，定期做结晶化处理或打蜡，并保证做到每日抛光
用吸尘器吸掉墙角和门槽的灰尘	
↓	
将清洁剂喷在毛巾上，擦净污垢	
↓	
用干抹布擦干门槽	
↓	
在四壁喷上不锈钢水，擦拭光亮	
↓	
擦除顶棚上的灰尘 ①	
↓	
定期对木质面板打蜡、上光 ②	
↓	
定期对地面进行保养	
↓	
恢复电梯运行	
↓	
结束	

七、布艺沙发清洁工作程序与关键问题

布艺沙发清洁工作程序	工作目标
	清洗后的沙发应达到无污迹、无斑点、无水印残留

布艺沙发清洁工作程序流程图：

开始
↓ ①
用清洁剂清除沙发污渍
↓
将兑好的地毯水加入打泡机
↓
将清水加入抽洗机
↓
将导管、毛刷连接，接通电源
↓
启动机器
↓ ②
待泡沫排出后用毛刷刷洗
↓
启动抽洗机电源
↓ ③
吸头紧贴椅面，反复抽洗
↓
用吹干机将沙发吹干
↓
结束

关键问题点

1. 汽水、果汁等水溶性污渍用除渍剂清除，菜汁等油性污渍用除油剂清除
2. 沙发扶手、坐垫、靠背等部位要重点刷洗
3. 抽洗时一边喷水一边吸水，反复抽洗 3 ~ 4 次后，把水分全部吸干

八、大理石清洁保养工作程序与关键问题

大理石清洁保养工作程序	工作目标
	清洁保养后的大理石面应达到光亮、透彻照人的效果

开始

↓

用掸子掸掉理石表面的灰尘和蜘蛛网

↓　　　　　　　　①

用适量的碱性清洁剂擦拭

↓

用清水将清洁剂冲净

↓

用干布或吸水机吸干水迹

↓

定期在彻底清洁后喷雾蜡水或上蜡

↓

结束

关键问题点

1. 选择清洁剂的注意事项

　（1）避免使用任何酸性清洁剂，以免酸性清洁剂与碳酸钙起化学作用，从而使大理石失去光泽或腐蚀云石表层

　（2）避免使用粗糙的东西磨擦大理石表面，以免造成永久磨损

　（3）避免使用砂粉或粉状清洁剂，以免此类清洁剂干后形成晶体留在大理石表层洞孔或造成表面被迫爆裂

九、吸尘器使用保养工作程序与关键问题

吸尘器使用保养工作程序	工作目标
	正确吸尘及清洁，尽可能延长吸尘器的寿命

开始

↓

使用前，检查机器是否正常

↓

取下电源线，并就近接好

↓

接好吸管

↓

固定机器，拉动吸管，开始吸尘 ①

↓

使用完毕，关闭电源

↓

拆下吸管，倒掉垃圾

↓

擦拭机身并清洁过滤网 ②

↓

定期给吸尘器上油

↓

盘好电线，放回原位

↓

结束

关键问题点

1. 吸尘时的注意事项
   （1）使用吸尘器时，发现地毯上有大件物体和尖硬物体时要拾起，以免吸尘器受到碰撞，损坏内部机件和造成吸管堵塞
   （2）除干湿两用吸尘器之外，其他吸尘器严禁吸水，并要注意防潮
2. 清洁过滤网时，可以先用另一台吸尘器吸净本台机器的过滤网，然后再进行清洗

十、公区卫生间服务工作程序与关键问题

公区卫生间服务工作程序	工作目标
	服务细致、周到，给客人留下好印象

开始

↓

站在洗手台靠门一侧等候客人

↓

当听到门响时，为客人拉开门

↓

身体微前倾 30° 向客人问好

↓

引导客人

↓

回到洗手台等候客人

↓ ①

为客人洗手做好准备

↓

递上毛巾，请客人擦手

↓

走到门前为客人拉门

↓

客人走到门前时对客人说："请您走好！"

↓

结束

关键问题点

1. 待客人出来后，要主动打开水龙头并调好水温，以方便客人洗手

十一、花卉植物养护工作程序与关键问题

花卉植物养护工作程序	工作目标
	保证酒店环境充满生机，自然，美观

花卉植物养护工作程序流程图：

开始

↓

检查各种花卉盆景 ①

↓

捡去花盆内的烟蒂杂物

↓

擦拭浮尘

↓

及时剪除花草枯萎部分并做修理

↓

定时浇水

↓

定期施肥、驱虫

↓

及时用抹布擦净弄脏的地面

↓

结束

关键问题点

1. 检查是否有整棵枯黄、枯萎的植物或不良盆栽，如有要尽快向主管汇报

十二、观赏鱼日常养护工作程序与关键问题

观赏鱼日常养护工作程序	工作目标
开始 ↓ ① 准备好工具、适宜鱼存活的水 ↓ 通知工程部放水 ↓ 用鱼罩捞出鱼，放在水桶内 ↓ 用刷子擦拭池壁 ↓ 清理池内污物 ↓ 向水池注水 ↓ 向池内投放定量的除味剂和去斑药 ↓ 将鱼从水桶里取出放入水池 ↓ 向池内投放鱼食 ↓ 结束	清洁后水池中无杂物，水质清澈、干净
	关键问题点
	1. 需要准备的工具包括水桶、刷子、除味剂、去斑药、鱼罩等，不得用破损的工具

第四节　公共区域服务标准与服务规范

一、公共区域卫生清洁标准

酒店客房部服务标准与服务规范文件		文件编号		版本	
标题	公共区域卫生清洁标准	发放日期			

1. **目的**

为了规范公共区域保洁的工作，保证酒店公共区域的环境卫生符合星级标准，特制定本标准。

2. **适用范围**

本标准适用于公共区域保洁员自检、保洁领班及主管进行监督检查等工作。

3. **大堂卫生清洁标准**

（1）大堂地面干净，定期打蜡保养。

（2）大理石墙面和地面，清洁光亮，无尘，无划痕，无污迹。

（3）烟灰桶随时保持干净，桶内烟头不得超过3个。

（4）公共区花木盆内无杂物，植物生长正常，叶片无尘，摆放位置正确。

（5）门、窗玻璃光亮，无水迹、手印。

（6）各种铜件和电镀件要光亮无尘，定期擦拭上光。

（7）地毯干净，无污迹和渣物，每天吸尘，发现污迹要随时处理。

（8）楼梯、走道干净、无杂物。

（9）沙发和座椅摆放整齐，无损坏、无污迹。

（10）天花板无灰尘、蜘蛛网。

（11）各种广告牌架无污、无尘，定期进行铜饰品的抛光，随时保持洁净。

（12）遇雨雪天气，在大堂门口摆放伞架，加铺地垫和防滑标志，防止雨雪的水迹被带入大堂内，并安排人员及时擦拭地面水迹，保持地面干净、无水迹、无污迹。

（13）大堂内的所有装饰物要保持无尘，定时擦拭。

4. **公共区域卫生间卫生清洁标准**

（1）无异味，马桶、小便池清洁干净。

（2）洗手池、台面无水迹，客人使用后及时擦净，台面无堆放杂物，物品摆放整齐。

（3）镜面清洁光亮，无水迹、无手印。

（4）各种电镀五金保持光亮，随时擦拭，无水碱，无污迹。

（5）门清洁无尘，转动自如。

（6）水箱内定期进行清理，箱内无沉积物，随时保持箱内清洁。

（7）垃圾桶及时清倒，保持清洁。

（续）

（8）墙壁和地面经常擦拭，保持无尘、无污迹。

（9）低值易耗品保持充足，及时添补。

（10）灯具，风口定期擦拭，不能堆积灰尘。

　5.　**客用电梯卫生清洁标准**

（1）客用电梯要随时保持清洁。

（2）电镀电梯门每日用不锈钢保护剂擦拭，保持门面光亮，无污迹。

（3）电梯内地面干净无残渣，无污迹，定期打蜡上光，保养。

（4）电梯内墙面，顶部无尘、无污迹，随时检查，擦净。

（5）电梯内广告无尘、无污迹，随时保持干净。

（6）电梯内的玻璃、镜面无污迹和手迹，保持光亮。

（7）电梯按钮每日擦拭消毒，如有故障应及时报修。

（8）随时保持电灯正常运行，如有损坏应及时报修，更换。

签阅栏		签收人请注意，您在此签字时，表示您同意以下两点内容。 1．本人保证严格按此文件要求执行。 2．本人有责任在发现问题时，第一时间向本文件审批人提出修改意见。		
相关说明				
编制人员		审核人员		审批人员
编制日期		审核日期		审批日期

二、清洁设备使用保养规范

酒店客房部服务标准与服务规范文件		文件编号		版本
标题	清洁设备使用保养规范	发放日期		

　1．为了规范保洁员对清洁设备的使用行为，保证清洁设备的正常使用，最大限度地延长清洁设备的使用寿命，特制定本规范。

　2．所有需要使用设备的员工都须知道设备使用的时间及具体使用的方法。

　3．所有清洁设备在使用后都应进行全面的清洁以及定期保养。

　4．设备使用前后都应检查其完好状况，发现问题要及时处理。

　5．每件设备都应遵循规定的维修保养程序，所有设备都应建有保养卡。

　6．设备使用完毕后要按存放标准放在指定的区域。

　7．设备存放区域内应有可供放置的柜子、抽屉、挂钩等。

　8．设备的保养应按照标准的程序，在规定的时间内进行。

（续）

签 阅 栏		签收人请注意，您在此签字时，表示您同意以下两点内容。 1. 本人保证严格按此文件要求执行。 2. 本人有责任在发现问题时，第一时间向本文件审批人提出修改意见。
相关说明		
编制人员	审核人员	审批人员
编制日期	审核日期	审批日期

三、室内插花操作规范

酒店客房部服务标准与服务规范文件		文件编号		版本	
标题	室内插花操作规范		发放日期		

1. 为了保证餐厅、大堂、公共区域、客房等地的插花摆放符合酒店的星级标准，美化酒店的室内环境，特制定本规范。

2. 餐厅、大堂、公共区域、客房等地要固定插花，每周换花两次（按部门规定的插花安排表执行），宴会、会议、商务、VIP 客房等处的换花工作按相关通知单执行。

3. 每天都必须检查全部的插花并加水 3 次（早、中、夜），发现有残损的，及时更换和补充。

4. 准备插花时，要根据用途构思意念，合理选用花材。

（1）VIP 房及商务套房插花选用开的。

（2）会议、宴会、礼花应选用接近全开的花。

5. 插花时，一般按配叶、主花、副花、衬花的顺序完成。

6. 注意突出观赏面及保持视觉平衡、造型及色彩搭配等要素。

7. 注意鲜花的保鲜及更新。

8. 节约用花，做好鲜花保鲜，在保质的基础上做好回收工作，一切鲜花不得私自留用，也不准私自送给他人。

9. 长住房订花、大堂及各处大花应经常变换花型，以便给人新鲜的感觉。

签 阅 栏		签收人请注意，您在此签字时，表示您同意以下两点内容。 1. 本人保证严格按此文件要求执行。 2. 本人有责任在发现问题时，第一时间向本文件审批人提出修改意见。
相关说明		
编制人员	审核人员	审批人员
编制日期	审核日期	审批日期

四、室内绿植养护操作规范

酒店客房部服务标准与服务规范文件		文件编号		版本	
标题	室内绿植养护操作规范	发放日期			

1. **目的**

为了规范酒店绿化人员的工作，做好酒店室内绿植的养护工作，美化酒店室内环境，特制定本规范。

2. **绿植浇水规范**

（1）根据花木种类及所处环境决定浇水量，例如，原产于热带雨林地区或放置于光线强、空调出风口等位置的花木需水量较大。

（2）淋水时以花盆底有少量滴水为宜，控制好水量，套盆内不能有积水。

3. **绿植清洁规范**

（1）清洁前全面巡视各自范围，清理枯叶，检查花木的摆放情况、水池水位以及清洁程度，并将有关异常情况向主管汇报。

（2）先将工作警示牌放在行人通过的路口处，并用毛巾遮盖保护好周围不能受潮的物件。

（3）清洗时两人配合，反复冲洗花木至无污迹为止。一名员工用吸水机吸干地面积水，以免溢散开，密切注意行人情况，随时指挥持水枪者操作。例如，清洗大堂悬垂植物时，应将植物拉上后清洗，洗完晾干后再将其垂下。

（4）清洗完毕，再次彻底吸干净地面积水，整理枝叶，清理现场，检查机具是否完好，登记操作情况，并清点工具交仓库。

4. **绿植施肥规范**

（1）室内花木通常用 N—P—K 复合肥及成品有机肥做土面施用，高效有机液肥做根部追肥，N—Fe 肥做叶面追肥，按照不同地点的湿度、温度、光线、植物品种来决定施肥用量，施用干粒肥时应均匀撒放在盆中。

（2）对于观叶植物需定期增施叶面肥。

（3）严禁使用有气味的农药、肥料，喷施时注意不要溅到周围的客人。

（4）施肥后注意清洁周围地面。

5. **更换花木规范**

（1）预先掌握更换周期，按时备好相应品种的花木。

（2）运送花木时，一次装车数不宜太多，防止折损花木，对于瓷缸尽量避免叠放，缸与缸之间需用厚毛巾垫隔，防止碰碎。

（3）换时要注意调整植物观赏面位置，使其保持美观外形。

（4）更换花槽／花缸植物时，做好卫生清洁，摆入植物时应注意高低、整齐、疏密配置。花盆不能高出槽面，鲜花要注意色彩搭配。

（5）酒店租摆的植物由客房部负责统一调换和移位，如有临时调整或增加植物的需要，必须事先与客房部协调。要求增添植物的，一般须提前 24 小时通知。

（续）

6. 室内盆景管理规范		

（1）室内盆景每天浇水两次，每次要浇透彻，浇水后要抹干台面和地面的水渍。

（2）每周更换 1 次，并做好记录，换出的盆景要做好遮阴及保养措施，至少在室外保养两周后才能再进入室内摆放。

7. 宴会绿化布置规范

（1）实施布置前，明确方案、构图、分工和详细操作步骤。

（2）准备好花木、材料，按照花木更换基本原则摆放，布置效果力求整齐、美观、协调、搭配合理。

签 阅 栏		签收人请注意，您在此签字时，表示您同意以下两点内容。 1. 本人保证严格按此文件要求执行。 2. 本人有责任在发现问题时，第一时间向本文件审批人提出修改意见。
相关说明		
编制人员	审核人员	审批人员
编制日期	审核日期	审批日期

五、室外花木养护操作规范

酒店客房部服务标准与服务规范文件		文件编号		版本	
标题	室外花木养护操作规范	发放日期			

1. 目的

为了规范酒店绿化人员的工作，做好酒店室外花木的养护工作，美化酒店的整体环境，特制定本规范。

2. 花木浇水规范

（1）巡视工作范围，清除枯黄枝叶。

（2）开启浇灌系统，检查喷滴头工作情况。

（3）手工浇水部位应先浇时花，后浇灌木。操作时，应注意不要溅到周围的客人。

3. 花木施肥规范

（1）室外花木可选缓溶复合肥与有机肥交替使用。

（2）室外工作要注意天气变化，根据四季气候变化采取合理措施。

4. 花木喷药规范

（1）室外花木喷药须准备好高压喷雾机、盛水胶桶、面罩、手套等工具，清洗前不得进食、饮水或吸烟。

（2）喷药须两人同时完成，一人负责配药、操作喷药机并注意现场动态，另一人持枪喷药。

（3）启动机器前两人应预先约定联络手势，作业时注意风向，从上风地段开始，先喷高处，后喷低处，叶面、叶背及树干都要喷洒均匀。

（续）

（4）操作时，务必佩戴好防护器具。

（5）工作结束后，回收保管好药品，并及时清洁好机具，用肥皂洗擦皮肤裸露部位。

5. 草坪管理规范

（1）由专人负责观察草的生长状况。草高控制在 25 毫米以下，过长则要及时修剪，以每次剪除草高 1/3 长为原则。然后按照修剪草坪工作程序进行工作。

（2）每月施长效缓释复合粒肥。在夏季遇肥力供应不足时，可适当增量或补充液肥，进入冬季后选用草坪有机肥，注意控制肥量。

（3）每周喷施广谱性药物 1 次，春夏应增加杀菌剂用量。

（4）视枯草层厚度及土壤疏松程度，可于春夏或夏秋之交安排梳草、打孔、淋药、铺沙。入秋后可进行适当地耙草或浅梳，定期用压草机辗轧。

6. 苗圃管理规范

（1）保证苗圃暂时放置的中小型植物生长正常、整齐有序。

（2）定期对苗圃植物进行淋水、修剪、整理工作，清洁沟渠卫生，并做少量植物的更换及残花清理的工作。

（3）每月交替施缓溶、速溶营养肥各 1 次，隔月增加叶面肥 1 次，针对特殊种类植物，可单独施肥。

（4）观察病虫害发生症状，及时采取防治措施，防止扩散蔓延，选择高效低毒、无臭低毒药物，对新购回的植物一定要进行严格的药物处理。

（5）及时清理生长不良的植物，对于恢复期较长的植物应及时运出酒店，避免占地。

7. 花卉管理规范

（1）多年生草本花卉的管理，注意做好冬季防寒，入冬前重施钾肥，并栽植在向阳避风的地方，以延长开花期的观赏效果。

（2）木本花卉注意剪除老枝，让新枝萌芽开花，适时控水控肥。

（3）常绿灌木的管理较容易，每年开春后按需要修剪成各形状，待抽出新枝叶进入稳定期后，便可继续轻度修剪，逐步达到理想形状，一般有球状、直方或其他几何形状。

（4）与各部门做好沟通工作，注意客情、宴会及节日情况，每月编制月度用花计划及紧急订花计划，保证需要。

签 阅 栏	签收人请注意，您在此签字时，表示您同意以下两点内容。 1. 本人保证严格按此文件要求执行。 2. 本人有责任在发现问题时，第一时间向本文件审批人提出修改 　　意见。				
相关说明					
编制人员		审核人员		审批人员	
编制日期		审核日期		审批日期	

六、室外盆景养护操作规范

酒店客房部服务标准与服务规范文件		文件编号		版本	
标题	室外盆景养护操作规范		发放日期		

1. 目的

为了规范绿化工作人员的工作，做好室外盆景的养护，美化酒店的整体环境，特制定本规范。

2. 室外盆景浇水规范

（1）冬季：每天或隔天浇水1次，在中午气温高的时段进行。

（2）春季：初春浇水不宜过多，春末开始增加水量。

（3）夏季：每日浇水2次，喷雾1次，部分位置浇水加1次。

（4）秋季：立秋后要减少浇水量，每日浇水2次，喷雾1次。

3. 室外盆景养护规范

（1）对室外盆景的养护主要包括修剪、换土、转盆、施肥、喷药等。

（2）施肥：以长效缓稀、有机液体肥料为主，勤施薄肥，特别在修剪后更注意施肥时机及数量。

签阅栏		签收人请注意，您在此签字时，表示您同意以下两点内容。 1. 本人保证严格按此文件要求执行。 2. 本人有责任在发现问题时，第一时间向本文件审批人提出修改意见。
相关说明		
编制人员	审核人员	审批人员
编制日期	审核日期	审批日期

七、观赏鱼养护操作规范

酒店客房部服务标准与服务规范文件		文件编号		版本	
标题	观赏鱼养护操作规范		发放日期		

1. 为了规范酒店观赏鱼的养护工作，提高观赏鱼的存活率，特制定本规范。

2. 每日投放一次饲料，注意撒放均匀，投料量适中，一般以鱼群10分钟内能吃完为宜。

3. 保持池水清洁，适时更换部分池水，每次换水不得超过1/3。

4. 随时打捞池内漂浮杂物，定期清理池底杂物。

5. 适当增加饲料中蛋白质及矿物质的成分，以增强鱼的体质、提高抗病能力。喂养饲料应为专业厂家出产，更换新产品时应进行测试。

（续）

签阅栏		签收人请注意，您在此签字时，表示您同意以下两点内容。 1. 本人保证严格按此文件要求执行。 2. 本人有责任在发现问题时，第一时间向本文件审批人提出修改意见。	
相关说明			
编制人员		审核人员		审批人员	
编制日期		审核日期		审批日期	

第五节　公共区域服务常用文书与表单

一、地毯清洗记录表

清洗日期	区　域	地毯损伤情况	保洁员姓名	备　注

二、卫生清洁日报表

公共区域保洁员：　　　　　公共区域主管：　　　　　报告日期：＿＿年＿＿月＿＿日

大堂清洁情况		卫生间清洁情况		电梯清洁情况	
地面		地面		地面	
门窗		门		门	
天花板		天花板		顶部	
墙面		墙面		墙面	
柱、台		马桶		广告板	
扶梯		便池		玻璃	
沙发		洗手台		镜面	
灯具		梳妆镜		按钮	

（续表）

大堂清洁情况		卫生间清洁情况		电梯清洁情况	
电话		皂液器		电灯	
宣传册架		干手机			
烟灰缸		水箱			
广告牌		垃圾桶			
装饰品		电镀件			
液晶电视					

三、保洁员交接班表

日　期			班　次	
大堂清洁 完成事项	1. 2. 3.	卫生间清洁 完成事项	1. 2. 3.	电梯清洁 完成事项	1. 2. 3.
大堂清洁 未完成事项	1. 2. 3.	卫生间清洁 未完成事项	1. 2. 3.	电梯清洁 未完成事项	1. 2. 3.
备　注				
交班保洁员		接班保洁员		

四、鲜花消耗日报表

前厅部			客房部			餐饮部			康乐部		
使用 品种	使用 数量	使用 原因	使用 品种	使用 数量	使用 原因	使用 品种	使用 数量	使用 原因	使用 品种	使用 数量	使用 原因
合计			合计			合计			合计		
总计数量											
备　注											

五、清洁设备保养记录表

日　期			班　次		当班人	
清洁设备状态	地毯干洗机		洗地机			
	地毯抽洗机		沙发机			
	吸水机		吹干机			
	抛光机		吸尘器			
设备维修情况	1. 2.					
工作计划 完成情况	1. 2.					
经理或主管 特别安排事项	1. 2.					
备　注						
交班人			接班人			

六、公共卫生区域沙发、地毯洗涤统计表

日　期	清洗部门	清洗时间	沙发清洗量	地毯清洗量	所用工时	备　注

七、公共区域卫生检查记录表

项　次	检查项目	地　点	责任者	检查结果				备　注
				整理	整顿	清洁	标志	

八、公共洗手间检查记录表

项目 \ 得分 \ 地点				
1. 地面墙角无积灰、杂物、污渍				
2. 马桶、便池的内外干净、无痕迹				
3. 瓷砖无污迹、灰尘				
4. 门无灰尘、污渍				
……				
总结				

第六节　公共区域服务质量提升方案

一、公共区域保洁的控制方案

标　题	公共区域保洁的控制方案		文件编号		版本	
执行部门		监督部门		考证部门		

一、目的

为了规范、有序地开展公共区域保洁、绿化等服务工作，为客人提供良好的居住、消费环境，最大限度地提升客人对酒店服务、设施、环境的满意程度，特制定本方案。

二、适用范围

本方案适合用于指导酒店公共区域的保洁、绿化等服务事项。

三、制订公共区域服务工作计划

1. 酒店公共区域主管负责制订所辖区域的清洁、绿化等各项工作计划，包括日常、周期、季度等各项工作计划，并报客房部经理审批后实施。

2. 公共区域保洁领班负责制订公共区域的大清洁工作计划；绿化领班负责制订防疫杀虫工作计划，确保酒店清洁、杀虫期间不影响酒店的正常营业。

（续）

3. 公共区域主管负责制订清洁、绿化设备的管理、使用、保养计划，并组织实施。

四、公共区域保洁工作控制

1. 公共区域保洁领班组织保洁人员做好所辖区域的日常清洁工作。

2. 每日上岗前，保洁人员应备好扫帚、拖把、清洁剂、水桶、洁厕剂、玻璃清洁剂、金属光亮剂、干净抹布、家具蜡、清洁剂、百洁布、手提扒头、电子打泡箱、吸尘器、手刷、干泡剂、除油剂等清洁物品和工具，做好上岗的准备工作。

3. 保洁人员按规范开展酒店大堂清洁、其他区域地面清洁、电梯内外清洁、公共卫生间清洁、定时清理垃圾等具体工作。

4. 各辖区领班人员应定时或随机抽查保洁人员的工作质量，及时纠正保洁工作中不正确的行为，确保酒店的卫生水平。

5. 每日保洁工作结束后，保洁人员应在下班前检查是否有遗漏的地方未打扫，确认各项工作都完成后，再整理清洁工具，将其放回储物室，交当班人员检查合格方可下班。

五、公共区域绿化工作控制

1. 公共区域绿化领班组织绿化人员做好所辖区内植物、花卉的养护、保洁、更换和补充工作，并做好记录。

2. 根据酒店各部门需求，公共区域各绿化领班应做好酒店各区域内的鲜花、绿植布置、更换补充和清洁工作。

3. 绿化人员应负责好室内植物和花卉的养护、保洁、更换补充的工作，并做好记录。

4. 绿化人员应做好室外园林、绿地、树木的养护工作，对酒店周围的花坛进行养护和定期更换。

5. 绿化人员应做好所辖区域的环境卫生工作，保证酒店建筑物周围无杂物、无异味、无卫生死角等。

6. 绿化领班应定期组织绿化人员做好对绿植树木喷洒杀虫剂的工作，定期灭蟑螂。

六、公共区域服务质量检查

1. 酒店公共区域主管检查公共场所设备运转情况以及其卫生清洁工作的质量，并检查酒店公共区域的清洁以及绿化工作的质量。

2. 酒店公共区域主管要定期巡查庭院的花草树木以及绿化设施，保证酒店绿化系统的运作良好，发现问题及时处理或向有关部门反映。

3. 酒店公共区域主管要做好重大节日、重要会议、宴会和贵宾到访之前的布置检查工作。

4. 接受酒店质检小组或质检人员的检查，并根据质检意见进行整顿和改善。

相关说明	

二、公共区域污渍的清洁方案

标　题	公共区域污渍的清洁方案		文件编号		版本	
执行部门		监督部门		考证部门		

一、目的

为了指导保洁人员的污渍清除工作，提高其工作效率，特制定本方案。

二、适用范围

本方案适用于公共区域各种污渍（如咖啡渍、红酒渍、茶水渍、可乐渍、牛奶渍、巧克力渍、血渍等）的清除工作。

三、咖啡、红酒渍的清除办法

1. 将未干的汁水彻底吸干。

2. 用海绵蘸上清洁剂溶液揩拭，擦掉污渍。

3. 再用海绵蘸上清水揩拭，并吸干水分。如果污渍是以前沾上的，可用漂白剂溶液除去，吸干溶液后可再用海绵蘸上清水揩拭，并吸干水分。

四、茶水渍的清除办法

1. 将未干的茶水彻底吸干。

2. 用海绵蘸上清洁剂溶液揩拭，擦掉污渍。

3. 用海绵蘸上清水揩拭，吸干水分。

4. 最后用海绵蘸上酸性溶液揩拭，并吸干。

五、可乐、牛奶、巧克力渍的清除办法

1. 将未干的汁水彻底吸干。

2. 用海绵蘸上清洁剂溶液揩拭，擦掉污渍。

3. 用海绵蘸上清水揩拭，并吸干水分。如果色斑不易擦去，可用海绵蘸上干洗剂擦拭色斑，并吸干。

六、口香糖的清除办法

1. 用硬物彻底刮去口香糖。

2. 用海绵蘸上干洗剂揩拭，然后用纱布吸干。如有必要可反复进行该步骤。

七、一般食物的清除办法

1. 彻底刮去并吸干污渍。

2. 用海绵蘸上清洁剂溶液揩拭，并用纱布吸干。

3. 用海绵蘸上清水揩拭，并用纱布吸干水分。

4. 经过上述处理，如果仍难以除去，可用海绵蘸上干洗剂揩拭，并用纱布吸干。

八、黄油的清除办法

尽可能将黄油残留物彻底刮掉后，用海绵蘸上干洗溶液揩拭，然后吸干。如有必要，可反复进行该步骤。

（续）

九、口红的清除办法

用硬物尽可能地刮去口红残留物后，用海绵蘸上醋酸戊酯或清洁剂溶液揩拭，然后吸干。

十、指甲油的清除办法

1. 用硬物尽可能地刮去指甲油残留物。

2. 用海绵蘸上醋酸戊酯或指甲油去除剂揩拭，吸干。

3. 再用海绵蘸上干洗剂揩拭，并吸干。如有必要可反复进行该步骤。

4. 如果这些处理都没有效果，可试用挥发性漆稀释剂。

十一、鞋油的清除办法

1. 将液体鞋油彻底吸干。

2. 用海绵蘸上清洁剂溶液揩拭，然后吸干。

3. 如果色斑难以擦去，可用海绵蘸上干洗剂揩拭，并吸干。

4. 经过上述处理，如果还是难以去除，可用海绵蘸上漂白剂溶液揩拭，吸干溶液，然后再用海绵蘸上清水揩拭，并吸干水分。

十二、墨水渍的清除办法

1. 用冷水冲洗，直至墨渍变淡。

2. 用稀释过的草酸溶液浸湿污渍，浸透时间2~3分钟。

3. 再用稀释过的高锰酸钾溶液浸泡，待2~3分钟。

4. 最后用清水进行清洗，并吸干水分。

十三、血迹的清除办法

1. 将没干的血迹彻底吸干。

2. 用蘸上冷水的海绵揩拭，并吸干水分。

3. 用海绵蘸上清洁剂溶液揩拭，再吸干溶液。

4. 最后用海绵蘸上清水揩拭并吸干水分。如有必要可反复进行该步骤。

十四、呕吐物、尿液的清除办法

1. 用冷水清洗后，用1:10的醋水进行清除、吸干。

2. 清除呕吐后的污渍，苏打水的效果会更好。

相关说明	

三、雨天卫生清洁的应急方案

标　　题	雨天卫生清洁的应急方案		文件编号		版本	
执行部门		监督部门		考证部门		

一、目的

为了有效应对一些突发事件造成的公共区域卫生清洁问题，特制定本方案。

二、适用范围

本方案适合用于梅雨天、暴雨天、水管爆裂、突发火灾事故等的清洁工作。

三、梅雨天卫生清洁工作应急措施

下雨天，大理石、瓷砖地面和墙面很容易出现反潮现象，造成地面积水，墙皮剥落，电器感应开关自动导通等现象。本酒店制定了如下的应急措施。

1．在大堂等人员出入频繁的地方放置指示牌，提醒客人"小心滑倒"。

2．加快保洁人员的工作速度，领班要加强现场检查指导，合理调配人员，及时清干地面水迹。

3．如反潮现象比较严重，应在大堂铺设一条防滑地毯，并用大块海绵吸干地面、墙面、电梯门上的积水。

4．仓库内配好干拖把、海绵、地毯、毛巾和指示牌。

四、暴雨天卫生清洁工作应急措施

1．保洁领班勤巡查、督导各岗位保洁人员的工作，加强与其他部门的协调联系工作。

2．天台、裙楼平台的明暗沟渠、地漏由班长派专人检查，特别在风雨来临前要巡查，如有堵塞及时疏通。

3．检查雨污水井，增加清理次数，确保畅通无阻。

4．各岗位保洁人员要配合安保人员关好各楼层的门窗、防止风雨刮进楼内，淋湿墙面、地面及打碎玻璃。

5．仓库内备好雨衣、雨靴、铁勾、竹片、手电筒做到有备无患。

五、水管爆裂卫生清洁应急措施

当楼层内空调水管，给水管的接头发生爆裂，造成楼层浸水时应采取如下的应急措施。

1．迅速关闭水管阀门并迅速通知保安和维修人员前来救助。

2．迅速用扫把扫走流进电梯厅附近的水，控制不了时可将电梯开往上一楼层，通知维修人员关掉电梯。

（续）

	3. 电工关掉电源开关后，抢救房间、楼层内的物品如资料、电脑等。
	4. 用垃圾斗将水盛到水桶内倒掉，再将余水扫进地漏，接好电源后再用吸水器吸干地面水分。
	5. 打开门窗，用风扇吹干地面。
相关说明	

岗位职责
+
绩效标准

工作程序
+
关键问题

执行技巧
+
解决方案

常用文书
+
工作表单

第五章

洗衣房精细化管理

第一节　洗衣房岗位描述

一、洗衣房岗位设置

洗衣房岗位设置	人员编制
客房部经理	经理级＿＿＿人
客房服务中心主管　楼层主管　公共区域主管　洗衣房主管　布草房主管	主管级＿＿＿人
洗衣房领班	领班级＿＿＿人
客衣收发员　干洗工　水洗工　熨烫工	专员级＿＿＿人
相关说明	

二、洗衣房主管岗位职责

岗位名称	洗衣房主管	所属部门	客房部	编 号	
直属上级	客房部经理	直属下级	洗衣房领班	晋升方向	

所处管理位置	

```
                    ┌──────────────┐
                    │   客房部经理   │
                    └──────┬───────┘
             ┌─────────────┴─────────────┐
      ┌──────────────┐          ┌──────────────┐
      │  洗衣房主管    │          │   布草房主管   │
      └──────┬───────┘          └──────────────┘
      ┌──────────────┐
      │  洗衣房领班    │
      └──────────────┘
```

职责概述	负责制订洗衣房经营计划及洗衣房的日常管理的各项工作安排，为客人提供优质服务	
职 责	**职责细分**	**职责类别**
1. 编制计划及规范性文件	（1）根据酒店的经营指标，制订洗衣房年度经营计划和营销计划	周期性
	（2）制定洗衣房各类规章制度、各项服务程序与标准	周期性
	（3）制定洗衣房消防及生产安全措施，确保员工人身及酒店财产安全	周期性
2. 洗衣房日常管理	（1）参加每天的班前班后会，传达上级指示，并指出工作中存在的问题	日常性
	（2）负责根据洗衣房的经营状况，编制"每月人员排班表"，制表时要按实际情况编排及考勤	周期性
	（3）负责审批领班、员工的调休、调班申请	特别工作
	（4）编制洗衣房清洁值班表，并监督、检查清洁工作质量，确保洗衣房干净、整齐的工作环境	周期性
3. 洗衣设备与原料管理	（1）根据洗衣原料的消耗定额编制洗衣原料的采购计划，以便相关人员及时采购，保证洗衣原料的安全库存量	周期性
	（2）监督洗衣原料的领取、发放和使用，严格控制洗衣成本及各项经营费用，达到节约的目的	日常性
	（3）与工程部联系制订机器设备的维修保养计划，备存部分易损零件	日常性
	（4）负责或协助客房服务中心做好洗衣房设备用具每月的盘点	周期性

（续表）

职　责	职责细分	职责类别
4. 对客服务	（1）亲自参与贵宾及其他特殊客人的客衣洗涤、熨烫、送衣等工作	日常性
	（2）受理客人投诉，尽快解决客人投诉的问题	特别工作
5. 员工管理	（1）组织并落实洗衣房员工的技能培训工作，以实现安全操作	周期性
	（2）根据实际工作量，做好人员的合理调配及安排	周期性
	（3）督导并检查下属员工的工作与工作质量，评估员工工作，按情况实施奖惩	日常性

三、洗衣房领班岗位职责

岗位名称	洗衣房领班	所属部门	客房部	编　号	
直属上级	洗衣房主管	**直属下级**	干洗工、水洗工、熨烫工、客衣收发员	**晋升方向**	
所处管理位置					
职责概述	监督、检查洗衣房的具体工作，控制洗衣工作各环节，并检查员工工作情况				
职　责	职责细分			职责类别	
1. 客衣服务质量管理	（1）处理客衣在洗涤过程中发生的问题，及时向上级汇报			特别工作	
	（2）检查客衣的洗涤质量，对不合洗涤要求的客衣要退回给相关工序的员工，要求重洗			日常性	
	（3）督导、检查客衣分类包装及送返工作			日常性	

所处管理位置图示：

洗衣房主管 → 洗衣房领班 → 干洗工、水洗工、熨烫工、客衣收发员

（续表）

职　　责	职责细分	职责类别
2. 班组日常管理	（1）负责班组工作安排与员工排班工作，以保证洗衣房各项工作任务正常运转	日常性
	（2）定期检查洗衣房各项机器设备的保养情况，发现需维修的及时报工程部予以维修	周期性
	（3）按规定与要求检查洗涤用品的使用与存放，严格控制洗涤用品的成本费用	日常性
	（4）每天检查洗衣房环境卫生，下班前检查水、电、蒸汽及洗衣等机械设备的电源等是否关闭	日常性
3. 员工管理	（1）负责员工培训及新员工的入职辅导与带教工作	日常性
	（2）每天检查员工上班签到及仪容仪表情况	日常性
	（3）负责班组员工的日常工作绩效考核工作，并根据考核结果，提出奖惩建议	日常性

四、客衣收发员岗位职责

岗位名称	客衣收发员	所属部门	客房部	编　　号	
直属上级	洗衣房领班	直属下级		晋升方向	
所处管理位置					

职责概述	及时收送客衣，负责客衣洗前和洗后的检查工作，确保洗衣服务的正常运转	
职　　责	职责细分	职责类别
1. 收取客衣	（1）迅速接听电话，按照客人的要求收取客衣	日常性
	（2）与客人或客房服务员当面清点衣物，并请其在"洗衣单"上签名确认	日常性

（续表）

职　责	职责细分	职责类别
2. 检查客衣	（1）按规定及衣服上的标志对衣物进行干、水洗分类，深、浅色分开处理并打号，如不能准确判断则需汇报上级处理，绝不能盲目决定	日常性
	（2）如洗衣单上有特别要求或发现衣服与"洗衣单"不吻合的情况时，要马上上报主管或领班，并予以详细记录	特别工作
	（3）检查客衣时，发现有破损、掉色、染色等情况，要及时上报给领班处理	特别工作
3. 送回客衣并记录	（1）客衣包装前要仔细检查，发现洗烫质量不合格的退回重洗或重烫	日常性
	（2）包装前，应认真核对"洗衣单"上的件数，准确无误后方可按照酒店的要求和标准对客衣进行包装	日常性
	（3）将洗好的客衣及时送还给客人，送回时要当面点清件数，请客人检查质量并签收	日常性
	（4）做好每天客衣送返日报表	日常性

五、干洗工岗位职责

岗位名称	干洗工	所属部门	客房部	编　号	
直属上级	洗衣房领班	直属下级		晋升方向	

所处管理位置	

职责概述	遵守规章制度，按干洗的程序与标准完成客衣的干洗工作

职　责	职责细分	职责类别
1. 干洗工作	（1）按规定的工作程序与标准为客人做好衣物检查分类、洗前去污等准备工作	日常性
	（2）确认客衣可干洗后，将客衣按颜色及种类分类干洗	日常性

（续表）

职　责	职责细分	职责类别
2. 其他工作	（1）工作结束后，按要求关闭水电、蒸汽，擦拭干洗机，做好设备的维护保养工作	日常性
	（2）打扫卫生，保持工作区域的环境清洁	日常性
	（2）填报当日的工作记录，并按时提交给当班领班或主管	日常性

六、水洗工岗位职责

岗位名称	水洗工	所属部门	客房部	编　号	
直属上级	洗衣房领班	直属下级		晋升方向	

所处管理位置	

职责概述	遵守规章制度，按水洗的程序与标准完成客衣水洗工作	
职　责	职责细分	职责类别
1. 水洗工作	（1）按检查标准与规范分检、分类送来的客衣	日常性
	（2）检查需洗涤的衣物是否易破损、易染色，是否有缺扣，口袋内是否有异物，是否可水洗	日常性
	（3）按规定使用原料，安全、正确地操作水洗机，按照规定的工作程序与标准洗涤客衣	日常性
2. 其他工作	（1）工作结束后，按要求关闭水电、蒸汽，擦拭水洗机，做好设备的维护保养工作	日常性
	（2）打扫卫生，保持工作区域的环境清洁	日常性
	（3）填报当日的工作记录，并按时提交给当班领班或主管	日常性

七、熨烫工岗位职责

岗位名称	熨烫工	所属部门	客房部	编 号	
直属上级	洗衣房领班	直属下级		晋升方向	

所处管理位置	

```
                  ┌──────────────┐
                  │   洗衣房主管   │
                  └──────┬───────┘
                         │
                  ┌──────┴───────┐
                  │   洗衣房领班   │
                  └──────┬───────┘
        ┌──────────┬─────┴────┬──────────┐
   ┌────┴───┐ ┌────┴───┐ ┌────┴───┐ ┌────┴───┐
   │  干洗工 │ │  水洗工 │ │  熨烫工 │ │客衣收发员│
   └────────┘ └────────┘ └────────┘ └────────┘
```

职责概述	按照规定的工作程序与标准熨烫衣物，完成衣服整形与整理工作	
职 责	**职责细分**	**职责类别**
1. 衣服熨烫平整	（1）熨烫前要仔细检查机器设备是否正常	日常性
	（2）分检送来的衣物，分清衣服的烫法，发现有破损、钮扣及饰物不全等现象时，须立即报告主管或领班，不净有污的衣物要退回重洗	特别工作
	（3）按规程操作机器，严格按照规定的工作程序与标准，根据款式、质地、色泽选定不同的熨烫方式和温度进行熨烫	日常性
	（4）对于烫好的衣服或吹好的衣服，检查后要上衣架或按要求折叠	日常性
2. 其他工作	（1）做好本班次的工作量与工作质量记录，按时提交给领班或主管	日常性
	（2）打扫卫生，保持本岗位工作区域的环境卫生	日常性
	（3）工作结束后，按要求关闭设备的电源、蒸汽阀门，擦拭设备，做好熨烫设备的维护保养工作	日常性

第二节　洗衣房岗位考核量表

一、洗衣房主管绩效考核量表

序号	考核内容	考核指标及目标值	考核实施	
			考核人	考核结果
1	制订洗衣房的经营计划，并组织实施	洗衣房经营计划达成率为____%		
2	控制洗衣房的运营成本	运营成本未超出预算，节约率达____%		
3	负责洗衣房设备用具的盘点工作	盘点出差错率为____%		
4	组织员工的技能培训	员工培训考核达标率为____%以上		

二、洗衣房领班绩效考核量表

序号	考核内容	考核指标及目标值	考核实施	
			考核人	考核结果
1	督导员工为客人提供优质的客衣服务	客人满意度评分平均达____分以上		
2	检查客衣的洗涤质量	因洗涤质量不合要求，客人有效投诉率控制为____%以内		
3	检查机器的保养情况	单件设备年维修次数不超过____次		
4	每天下班检查水、电、设备等是否关闭	每月漏关次数不超过____次		

三、客衣收发员绩效考核量表

序号	考核内容	考核指标及目标值	考核实施	
			考核人	考核结果
1	按时收取客衣	收取客衣及时率达＿＿%以上		
2	清点客人衣物	客人衣物与"洗衣单"不符率在＿＿%以下		
3	按客衣颜色、质地等因素为客衣打号	打号出错率控制在＿＿%以下		
4	发现有破损等情况及时上报领班	衣物破损、染色情况未发现次数为＿＿次		
5	按照洗衣单为客人包装衣物	衣物包装准确率达＿＿%		

四、干洗工绩效考核量表

序号	考核内容	考核指标及目标值	考核实施	
			考核人	考核结果
1	做好衣物分类	衣物分类出错率控制在＿＿%以下		
2	按规定程序进行客衣干洗	因洗涤不合格，重洗率控制在＿＿%以下		

五、水洗工绩效考核量表

序号	考核内容	考核指标及目标值	考核实施	
			考核人	考核结果
1	分类客衣，查看是否可水洗	由于洗涤方法错误造成客人投诉率在＿＿%以下		
2	按客衣水洗程序对客衣进行水洗	因洗涤不合格，重洗率控制在＿＿%以下		

六、熨烫工绩效考核量表

序号	考核内容	考核指标及目标值	考核实施	
			考核人	考核结果
1	选择正确的方法熨烫衣物	衣物被退回重新熨烫率不超过____% 衣物烫损烫毁率控制在____%以下		
2	对熨烫好的衣物进行折叠	衣物折叠符合标准率达____%以上		

第三节 洗衣房工作程序与关键问题

一、客衣收取工作程序与关键问题

客衣收取工作程序	工作目标
	准确填写"洗衣单"，取衣记录出错率为0%
	关键问题点
	1. 取衣时先取 VIP 与加急的衣物
	2. "洗衣单"上应注明房号、姓名、洗衣件数、时间及要求
	3. 将 VIP 与加急的衣物送至洗衣房领班处，其他衣物可送至干洗工或水洗工处

开始 → 接到客人电话，听清要求 → ① 去楼层取衣 → ② 将客人衣物装入洗衣袋并填"洗衣单" → 与客人核对洗衣要求及具体事项 → 将"洗衣单"装入洗衣袋中 → ③ 立刻将衣物送至洗衣房准备分检 → 将"洗衣单"上内容及时记录 → **结束**

二、客衣检查工作程序与关键问题

客衣检查工作程序	工作目标
	仔细检查，因未检查或漏检造成错洗客衣，进而导致客户投诉的事件控制在____起／月以内

关键问题点

1. 如发现衣兜里遗留有客人的钱物，须立即送还给客人或送交客房服务中心
2. 查看衣物
   （1）查看衣服的正面、衣领、袖口、裤脚、裤身是否磨损
   （2）检查衣服是否有褪色、染色情况
   （3）检查衣服的商标、拉链是否有损坏
   （4）检查衣物是否有严重污迹
3. 发现有破损的、可能会发生掉色等不良后果的衣服，须征得客人同意后再洗

流程图内容：开始 → 检查衣服的件数与颜色 → ①检查衣兜里是否有客人遗落的钱物 → ②查看衣服是否有磨损或重污 → ③有问题的衣服须与客人联系协商 → 结束

三、客衣打号工作程序与关键问题

客衣打号工作程序	工作目标
开始 将客衣分类、编号 接通打号机电源，预热 检查色带是否可用 调整好当日使用号码 ① 注意打号机温度，判断客衣是否可打 ② 认真为客衣打号 打号完毕，切断电源 清洁打号机 结束	打号快速、准确，不混杂

关键问题点

1. 判断衣物面料是否可承受打号机的热度，对于不能承受的面料（氯纶、丙纶、胶布、合成革、真皮、裘皮、含有漆部位、丝绸、绒等特薄面料）则改用手写号，然后用别针别在衣服商标或扣眼处

2. 为了不留印迹，不同类别的衣服须在不同部位打号
   - （1）衬衫、T恤衫须打在商标下边
   - （2）背心须打在底边外面
   - （3）西裤须打在兜处
   - （4）内裤须打在裤腰边外面
   - （5）袜子须打在袜腰处
   - （6）毛织物和粗织物须按纹路打

四、客衣去污工作程序与关键问题

客衣去污工作程序	工作目标
开始 ① 判断污迹的种类，选择去污方式 辨别衣物是否掉色 ② 不能确定的污迹可先用衣角做实验 由污迹的四周向中心擦拭 去污后及时将去污剂洗净 清洗去污台 结束	去污准确、彻底，不给客衣造成伤害

关键问题点

1. 判断污迹种类
   （1）可被干洗洗涤剂溶解的污迹，直接干洗
   （2）可被水溶解的污迹，直接水洗
   （3）不可溶解的污迹，使用高压枪或毛刷冲刷
   （4）需要用特殊药水溶解的污迹，选择合适的溶剂
2. 深色衣物上有污渍，如无法判断是何种污渍时，不可将去污剂直接倒在客衣上，需先找客衣反面一块不明显的位置，用去污剂试一小块，看衣物是否褪色及有无其他不良反应

五、客衣水洗工作程序与关键问题

客衣水洗工作程序	工作目标
开始 接通洗衣机电源、各种管道 确保电器安全、不漏电 不能机洗的衣物要手洗 重污的衣物要先进行去污 按客衣的颜色、种类分别洗涤 小件衣物装入网袋 装载量避免超过最大量的80% ① 关好门，打开电源 注入冷水，预洗 ② 注入温水，加入洗涤剂，进行主洗 注入清水，反复漂洗 最后一次漂洗时加入中和剂 脱水甩干，取出衣物 ③ 检查是否洗净，并送去烘干 结束	准确操作设备，一次洗净衣物

关键问题点

1. 关门时注意不要夹到衣物，并检查衣物是否有相勾连的情况
2. 根据衣物质地和污垢程度设定洗涤强度，洗涤时间控制在10分钟左右
3. 检查衣物
   （1）检查衣物是否洗净，如未洗净应重洗
   （2）检查衣物是否有染色现象，如有，须及时想办法做补救处理

六、客衣干洗工作程序与关键问题

客衣干洗工作程序	工作目标
开始 接通干洗机电源及各种管道 确认衣物是否可以干洗 将易损衣物装入网袋分开洗涤 按客衣的颜色、种类分别洗涤 根据衣物品种、质量配好洗涤剂 用挥发性洗涤溶剂处理特别污垢 注入洗涤剂，分批洗涤衣物 ① 对不同衣物分别设定不同的洗衣时间 排去洗涤剂，甩干衣物 烘干衣物 取出衣物并检查是否洗净 结束	确保彻底、迅速地洗净衣物
	关键问题点
	1. 易损衣服洗涤 3 ~ 5 分钟，非易损衣服 10 分钟左右，必要时循环清洗

七、衬衫熨烫工作程序与关键问题

衬衫熨烫工作程序	工作目标
开始	熨烫好的衬衫整齐，无褶皱

衬衫熨烫工作程序流程：

- 开始
- 将衬衫领口、袖口上浆
- 用夹板机熨烫，定型1分钟
- 接通熨斗、烫台及蒸汽管道电源
- ① 将衬衫平铺在烫台上，进行喷水
- ② 熨烫贴边、托肩
- ③ 熨烫两袖
- ④ 熨烫衣领
- ⑤ 熨烫后身
- ⑥ 熨烫前身
- 烫后按照标准检查质量
- 按顺序折叠衬衫
- 熨烫完毕后切断电源，放好熨斗
- 结束

关键问题点

1. 纯棉、线麻衣料衬衫熨前先均匀喷水
2. 按顺序从反面将前身两条贴边、兜衬熨平、拉直（两贴边尺寸须相等），将衣领竖起，双手拿住两袖根部放平熨平（商标也须熨平）
3. 熨烫两袖
   （1）先左手拉住一边袖口，用熨斗从右向左熨，再反向把另一边袖口熨平
   （2）从袖反面的中央由下向上来回转动熨烫袖腕
   （3）最后以袖底拼缝为基准，将袖铺平后熨平两袖
4. 先熨领背面，正面喷浆，趁潮湿时拉直，再熨领的正面，并喷水趁潮湿时拉直、熨烫，熨斗须多次走动且用力以增加领口的光泽度与硬度
5. 从反面将后身熨平，如有背褶，先拉直伸平，待上下的宽窄一样时再熨平
6. 从反面烫，两片须对称

八、衬衫折叠工作程序与关键问题

衬衫折叠工作程序	工作目标
开始	叠好的衬衫整齐一致，符合标准
↓	
铺平衬衫	
↓	
扣上钮扣	
↓	**关键问题点**
翻转衬衫，使衬衫正面朝下	1. 将衬衫下摆往上折 10 厘米，然后再往上对折与肩线对齐
↓	2. 折叠好的衬衫要符合标准
从肩部向中间折起袖子	（1）双肩尺寸对称
↓	（2）领口挺直，领呈 45° 圆形，领花向上微翘
再折，衬衫的边侧缝要对准后中缝	
↓	
另一侧重复以上步骤折叠	
↓ ①	
折起衬衫下摆	
↓	
将衬衫翻过来，调整领部	
↓	
罩好衬衫包装袋	
↓ ②	
检查衬衫折叠效果	
↓	
结束	

九、西服上衣熨烫工作程序与关键问题

西服上衣熨烫工作程序	工作目标
	熨烫完的西服平整，无褶皱

西服上衣熨烫工作程序：

开始
↓
将西服套在人像机上
↓
用袖弓将两袖撑开
↓
用压板压紧前身
↓
后身开叉用夹子夹住，翻出衣兜盖
↓
打开蒸汽开关冲入蒸汽
↓
开蒸汽的同时双手向下拉衣服
↓ ①
关闭蒸汽开关，冲入冷气定型
↓ ②
使用万能熨烫机开始熨烫
↓
烫不到的地方用熨斗手工熨烫
↓
熨烫完毕，检查熨烫质量
↓
将衣物套好包装袋，挂在衣架上
↓
结束

关键问题点

1. 整型后的衣服应大体与原来尺码与形状一样
2. 依次熨烫左前襟、左下摆、右前襟、右下摆、后身、衣领各部位

十、西服裤子熨烫工作程序与关键问题

西服裤子熨烫工作程序	工作目标

	工作目标
	熨烫完的西裤挺直，无褶皱，无折痕

开始

↓

将裤腰套在穿板头上，垫湿布

① ↓

将熨斗温度升高，熨烫裤腰正面

② ↓

把布揭掉，把小裤线理直

③ ↓

将熨斗温度降低，熨烫反面

④ ↓

熨烫左裤腿

⑤ ↓

熨烫右裤腿

⑥ ↓

熨烫裤腰

⑦ ↓

将熨斗温度升高，熨烫里裤腿正面

⑧ ↓

再次升高熨斗温度，闷烫外裤腿正面

↓

熨烫完毕，用衣架将裤子挂起

↓

结束

关键问题点

1. 将熨斗温度升高，大概220℃～250℃，按后缝、左后腰、左前腰、右前腰的顺序熨烫

2. 小裤线的长度与插手袋下口相齐，插袋口要平直，后袋口要平齐，袋盖不能烫出钮扣印

3. 将熨斗温度降低，大概160℃～180℃

4. 熨烫左裤腿顺序为：外裤线、前片及袋布、膝盖绸、里裤缝、后片

5. 熨烫顺序为：里裤缝、前片及袋布、膝盖绸、外裤缝、后片

6. 熨烫顺序为：后缝、右后腰、右前腰、左后腰、左前腰、口袋盖里衬

7. 温度升高，大概210℃～230℃，垫上湿布，裤缝要对正，缝好卷脚，宽窄要相等，贴脚布要相齐，裤裆要烫平，前后裤线必须压死，前裤线与裤腰上的小裤线可自然地接上，后裤线必须烫到插手袋下口以上的位置

8. 温度升高，大概220℃～250℃，垫一层干布，一层湿布，先熨烫右裤腿、后熨烫左裤腿，熨烫前后裤线时，应将熨斗烫出裤线外约半个熨斗的距离。熨烫完毕，用衣架将裤子挂起

十一、T恤衫熨烫工作程序与关键问题

T恤衫熨烫工作程序	工作目标
开始 将T恤衫套在人像机上 冲入蒸汽，同时双手下拉下摆 冲入冷气定型 ① 用万能熨烫机熨烫 将不平整的地方压平 按标准检查熨烫质量 将熨烫好的T恤衫反面铺平 加入纸板 沿纸板对折衣身两边、袖子 以纸板为边竖向折领部 翻回衣服，翻回衣领，扣衣领扣 将熨斗、烫台、人像机等收回 结束	1. 领口贴合、自然，前襟上开口处不能有起伏 2. 袖口及下摆不能有卷边 3. 整件衣物不得有不合理的折痕 **关键问题点** 1. 熨烫时，先冲蒸汽做进一步拉长展宽整理，最后再冲冷气定型

十二、客衣送回工作程序与关键问题

客衣送回工作程序	工作目标
	迅速、准确地将客衣送至每个房间

工作程序流程：

开始
↓
整理客衣，核对洗衣单
↓
致电楼层，与服务员确认客人房态
↓ ①
根据客人在房情况联系客人
↓
- 如客人不方便，须先将衣物放在楼层工作间 → 请客房服务员或另选时间再次送衣
- 客人同意后，须立即准备去客房送衣
↓
做送衣登记
↓ ②
先送特殊客人的衣物
↓
依次将衣物送入客人的房间
↓ ③
送完后记录情况或上报
↓
结束

关键问题点

1. 根据情况联系客人
   （1）如客人在房间，须先打电话征求客人意见，再将衣物送往房间
   （2）如客人不在房间，应在客房服务员的协同下将客衣送入房间
2. 特殊客人包括以下两类
   （1）VIP客人和加急送洗衣物的客人
   （2）对衣物洗涤有特殊要求的客人
3. 记录衣物送错，或衣物未洗干净、洗坏及其他特殊情况，必要时须向当班领班或主管汇报

第四节 洗衣房服务标准与服务规范

一、洗衣房员工工作规范

酒店客房部服务标准与服务规范文件		文件编号		版本	
标题	洗衣房员工工作规范		发放日期		
1．为了保证洗衣房的正常运营，规范洗衣房员工的日常行为，特制定本规范。					
2．洗衣房员工须在严格遵守规章制度和工作标准的基础上开展工作。					
3．严禁在洗衣房内大声喧哗、打闹以及做任何与工作无关的活动。					
4．任何人都不许在洗衣房内吸烟。					
5．员工必须熟悉各类机器操作及洗涤原料的作用和性能。					
6．洗衣时须按规定使用各种原料，区分好衣物，不能水洗的衣物要手洗。					
7．正确使用及爱护设备，未经许可不许挪动设备位置。					
8．运作时，若发现机器有不正常的现象，则要马上停止并汇报上级。					
9．严禁带领外部人员或允许其进入洗衣房。					
10．严禁在洗衣房洗涤及挂放私人衣物。					
11．不得将洗衣房任何设备以及用品带出私用。					
12．非工作时间不得私自使用机器设备。					
签阅栏		签收人请注意，您在此签字时，表示您同意以下两点内容。 1．本人保证严格按此文件要求执行。 2．本人有责任在发现问题时，第一时间向本文件审批人提出修改意见。			
相关说明					
编制人员		审核人员		审批人员	
编制日期		审核日期		审批日期	

二、客衣洗涤质量标准

酒店客房部服务标准与服务规范文件		文件编号		版本	
标题	客衣洗涤质量标准	发放日期			

1. 目的

为了保证客衣洗涤工作符合客人要求，最大程度上保证客人对客衣洗涤服务的满意度，特制定本标准。

2. 干洗质量标准

（1）干洗前须认真检查客衣布料、质地、性能、颜色深浅、脏净程度，再进行分类洗涤。

（2）有较重污迹、不宜与其他客衣同时洗涤的客衣要先用手洗去渍去污。

（3）洗涤后的客衣干净，无任何污迹、汗渍、掉色、脱扣等现象发生。

3. 水洗质量标准

（1）水洗前检查衣物袖口、领子等易脏处，喷去污药水 10~15 分钟去渍，再进行水洗。

（2）水洗应分类洗涤，每类衣物都要正确选择合适的洗涤剂，并注意衣物重量要与机器容量相适应。

（3）水温、气压、冲洗时间掌握准确。深色、杂色衣物，水温 35℃以下，洗涤 7~9 分钟；白色衣物和衬衫，水温 60℃以下，洗涤 12~13 分钟。

（4）烘干时应注意温度一般要控制在 60℃以下。

（5）洗后的客衣干净、完好、不褪色、不染色，无任何污迹。

4. 手洗质量标准

（1）对于丝绸质地的衣物、百褶裙、丝袜等有特别洗涤要求的客衣，必须手洗。

（2）洗涤时根据衣物脏净程度和洗涤要求，合理选择洗涤剂，正确掌握水温。

（3）手洗时轻揉搓去渍，并用清水冲洗干净，容易掉色的衣物装袋洗涤。

（4）洗后的衣物洁净，无任何破损。

签阅栏		签收人请注意，您在此签字时，表示您同意以下两点内容。 1. 本人保证严格按此文件要求执行。 2. 本人有责任在发现问题时，第一时间向本文件审批人提出修改意见。	
相关说明			
编制人员		审核人员	审批人员
编制日期		审核日期	审批日期

三、客衣熨烫质量标准

酒店客房部服务标准与服务规范文件	文件编号		版本	
标题	客衣熨烫质量标准	发放日期		

1. **目的**

为了规范熨烫工的客衣熨烫工作，提高客衣熨烫的工作质量，最大程度上提升客人对客衣洗涤服务的满意度，特制定本标准。

2. **适用范围**

本标准主要适用于西服上衣、西服裤子、衬衫、T恤衫的熨烫。

3. **西服上衣熨烫质量标准**

（1）衣领：外表布料平整无皱，无光亮，领边圆平，里领不外露。

（2）肩：垫肩保持原样，无光亮，外表布料无皱。

（3）翻领：外表、内表布料无皱，无光亮，无压印，左右翻领的角度须一致，翻领位于第一钮扣处，呈30°～45°。

（4）前身：无褶、无光亮、无压印、下摆平整。

（5）衣兜：兜口内外呈一字形，不露内衬，兜盖方正、无压印、无褶皱。

（6）后身：外表平挺无皱，无光亮，无衣缝压印，衬里不外露。

（7）开叉：无压板压印。

（8）衣袖：外表平挺无皱，袖线曲直、无双袖线、无亮光，袖边及袖口处须烫平、无袖扣压印。

（9）衣缝：所有衣缝衬里要劈开熨平，外表如果有衣缝压印也要去除。

（10）衬里：所有衬里须无死褶，衬里过长的要用熨斗熨平、熨齐。

4. **西服裤子熨烫质量标准**

（1）裤腰：环腰无褶皱，裤兜口拉直，后裤兜盖平整无扣印，小裤线长度齐于兜口。

（2）裤身：大裤线自然流畅，无双裤线，两边接缝能对正，两腿裤中线能对齐吻合。

5. **衬衫熨烫质量标准**

（1）衣领：衣领呈圆形且挺立，领尖光洁无各种印痕，小领直立呈三角形。

（2）肩：平整，无褶皱。

（3）前身：平整无扣印、无亮光。

（4）衣兜：平整无皱，有兜盖的兜盖要平，兜盖扣要扣上。

（5）后身：平整，无亮光。

（6）袖子：无双袖线，袖口无褶、袖扣要扣上。

（7）底摆：平整，无褶皱。

6. **T恤衫熨烫质量标准**

（1）衣领：领口贴实自然，前襟上开口处不能有起伏。

（2）袖子及下摆：袖口及下摆要平整，不能有卷起。

（续）

（3）衣身：整件衣物不能有不合理的折痕，衣兜口及各种衣物上附带饰物要平直贴实。		
签 阅 栏	签收人请注意，您在此签字时，表示您同意以下两点内容。 1．本人保证严格按此文件要求执行。 2．本人有责任在发现问题时，第一时间向本文件审批人提出修改意见。	
相关说明		
编制人员	审核人员	审批人员
编制日期	审核日期	审批日期

四、客衣包装工作规范

酒店客房部服务标准与服务规范文件		文件编号		版本	
标题	客衣包装工作规范	发放日期			

1. 目的

为了规范客衣包装工作，提高客人对客衣服务的满意度，特制定本规范。

2. 适用范围

本规范主要适用于指导客衣袋装与挂件的包装工作。

3. 袋装包装规范

（1）保证包装客衣的工作台整洁。

（2）将所有折叠好的衬衣、T恤衫以及小件物品收集到工作台。

（3）根据洗衣单逐项检查对照，看衣物实际件数与"洗衣单"上填写的件数是否相符。

（4）包装时大件（衬衣、T恤衫）放两面，小件（内裤、袜子）夹中间，手帕放在最上面。

（5）装袋前再点一次总数，无误则连同洗衣单一起装入袋内。用订书机封口。

4. 挂件包装规范

（1）将所有挂件收集到挂衣车上，按楼层与房号的顺序由高到低依次排列。

（2）一个衣架只可挂一件衣物，所有上衣都要将靠近领口第一颗纽扣扣上，有拉链的则需将拉链拉上。

（3）挂件排列的顺序一般为：西装、外套、衬衣放前面，西裤放后面。

（4）装袋前将该房间的挂件集中，统一检查一遍房号、数量，检查均无误后再用西装袋套起来。

（5）西装袋的右上角要注明房号，挂袋的正面要靠近西装的纽扣一面。

签 阅 栏	签收人请注意，您在此签字时，表示您同意以下两点内容。 1．本人保证严格按此文件要求执行。 2．本人有责任在发现问题时，第一时间向本文件审批人提出修改意见。	
相关说明		
编制人员	审核人员	审批人员
编制日期	审核日期	审批日期

第五节　洗衣房常用文书与表单

一、客衣洗衣单

房　间		取衣时间	
姓　名		预计送回时间	
序号	客衣类别	件　数	特殊要求	备　注

序号	客衣类别	件　数	特殊要求	备　注
1	西服上衣			
2	西裤			
3	衬衫			
4	领带			
5	T恤衫			
6	休闲裤			
7	牛仔裤			
8	裙子			
9	袜子			
10	其他			

二、客衣登记表

日期	房号	客人	干洗/水洗	数量	种类	价格	收取人	送洗人	收取客衣		送入房间	
									时间	服务员	时间	服务员

三、客衣送回确认单

客衣送回确认单

尊敬的_____先生/小姐/女士：

　　欢迎您下榻本酒店，您的衣物已按您的要求送洗，并且于__月__日__时__分已送回您的房间。请检查您的衣物数目、种类、颜色等，核对无误后请签字确认。

　　在此非常感谢您的合作！并祝您居住愉快！

客人签字：　　　　　　　　　　　　　　　　　　日期：____年____月____日

　　　　　　　　　　　　　　　　　　　　　　　　　　　　　××大酒店洗衣房

四、客衣洗衣收费日报表

洗衣单编号	房　号	客人姓名	水洗收费	干洗收费	熨烫收费	加快服务费	加收服务费	合　计

五、洗衣房营业月报表

日　期	房　号	件　数	金　额	备　注
总金额				

第六节　洗衣房服务质量提升方案

一、转房客衣的处理方案

标　题	转房客衣的处理方案		文件编号		版本	
执行部门		监督部门			考证部门	

一、目的

为了帮助洗衣房做好转房客人的客衣服务工作，避免取错、送错客衣或入错账，特制定本方案。

二、适用范围

本方案适用于转房客衣的处理事项。

三、转房客衣处理程序

1. 若未收取客衣前，客衣收发员就接到了转房通知，应及时在客衣本上记录，并重复一次转房后的房号，以免听错，并及时告知相关人员。

2. 客衣收发员将客衣收集到洗衣房后，要检查当天的转房记录，并核查当天的收衣记录本，查看转房客人有无洗衣，有则要及时在"洗衣单"上注明新房号，以免洗衣入错账、送错房间。

3. 计算洗衣费时，要再次检查转房记录并核对"洗衣单"，看有无转错房号或漏转。

4. 洗衣单入账后再接到转房通知的，要及时检查相关房号，及时在"洗衣单"上注明新房号，确保客衣不会被送错房间，并及时通知相关人员。

5. 每天客衣包装完毕，客衣收发员及当班领班要再次核对"洗衣单"与所有转房通知，房号确认无误后再送返相应楼层。

四、注意事项

1. 客衣收发员要及时查阅当天的转房记录，并及时确认转房客人有无洗衣。

2. 若转房客人有洗衣记录，应及时更改洗衣单上的房号，避免出现在错误。

相关说明	

二、客衣纠纷预防与处理方案

标　题	客衣纠纷预防与处理方案		文件编号		版本	
执行部门		监督部门			考证部门	

一、目的

为了预防发生客衣纠纷事件，并妥善处理好已发生的客衣纠纷事件，特制定本方案。

（续）

二、适用范围

本方案适用于指导洗衣房客衣服务、客房楼层服务等有客衣服务事项的岗位。

三、客衣纠纷的预防

1. 收取客衣时，认真检查宾客衣物，发现有可能洗不净的严重污迹、衣服破损、口袋内有物品等情况须事先告知客人。

2. 分类打号时，严格检查，将客衣按是否可机洗、是否需要去扣、是否装袋洗涤、是否需要先去污渍、是否有染色可能与颜色深浅进行严格分类。

3. 客衣洗涤、熨烫，要严格按照操作规程进行。对不同质料的衣服，采用不同的洗涤方法，选用不同的洗涤剂，设定不同的洗涤时间，以便在保证洗衣质量的基础上，避免损坏衣物。

4. 控制洗衣流程，把关每个环节，认真做好记录，明确工作责任。

5. 洗好的衣物要与洗衣单仔细核对，做好分装，确保衣物和客人相对应。

四、客衣纠纷的处理

1. 查明具体原因，有针对性地处理；主动、耐心地听取客人的意见，明确客人的要求。

2. 凡属客衣洗涤过程中因酒店方面的原因引起的客衣丢失、洗坏、染色、熨烫质量差等客衣纠纷，应主动承担责任，征询客人意见，采取赔偿、修补、回收、回烫等补救措施。

3. 凡属客人或客人衣物本身原因引起的洗坏、口袋物品丢失、污迹洗不掉等客衣纠纷，酒店不负赔偿责任，但应耐心解释。

4. 客人投诉后，应第一时间向主管或经理汇报，并将相关资料存档。

相关说明	

三、特殊客衣的服务方案

标　题	特殊客衣的服务方案		文件编号		版本	
执行部门		监督部门			考证部门	

一、目的

为了向驻店 VIP 以及有加急客衣服务的客人提供优良的星级客衣服务，最大限度地提高这些客人对客衣服务的满意程度，特制定本方案。

二、适用范围

本方案适用于 VIP 洗衣、客衣快洗等特殊服务事项。

三、VIP 洗衣服务程序

1. 取衣

（1）客衣收发员接到通知后要立刻去客人的客房收取衣服。

（2）询问客人或服务员是否有特殊需要。

（3）在"洗衣单"上注明"VIP"字样，并按特殊要求告知负责的洗衣工。

（续）

（4）如有时间限定，客衣收发员负责督促洗衣按时完成。

2．登记

（1）洗衣房收到 VIP 洗衣后应立即做专门登记、打号并再次检查衣内是否有遗忘物。

（2）检查衣物是否有无破损，饰物是否齐全等。

（3）将衣物单独交给熨烫工，如有特殊熨烫要求，要告知熨烫工。

3．洗涤

单独洗涤，并根据面料确定洗衣方式，确保不发生问题。

4．熨烫与质量检查

（1）洗涤完毕，洗衣房领班应立刻指派技术较熟练的熨烫工专门负责。

（2）VIP 客衣熨烫后，洗衣房需亲自或找专人检查质量，确保各项目均能达到最高质量标准。

5．送还客衣

按快洗要求在规定时间内或严格按客人要求的送衣时间单独送衣。

四、客衣快洗服务程序

1．接受快洗服务要求

在接受到快洗服务要求时，洗衣房领班应告诉客人会立即派人去取，同时需明确告知如下两项要求。

（1）客衣快洗服务的通常时限以及加价率。

（2）询问客人要求的送还时间（一般为___小时左右），并告诉客人将尽力满足其要求；如客人要求的时间太短，需要耐心向客人解释，不能轻易答应。

2．指派专人取衣服

（1）立即派客衣收发员去取衣服。

（2）衣服取来后，由客衣收发员在"洗衣单"上注明"快洗服务"字样、客人要求的时限以及其他特殊服务要求。

（3）客衣收发员将洗衣程序登记、打印。

3．交洗衣工

（1）客衣收发员将客人的要求向客衣洗衣工交代清楚。

（2）洗衣工立即安排单独洗涤。

4．熨烫

洗涤完毕，由熨烫工进行熨烫，对快洗客衣，洗衣房领班应立即安排专人优先熨烫。

5．快洗质量检查

对快洗的客衣，客衣收发人员应立即包装，同时检查洗涤熨烫质量。

6．送返客衣

客衣收发员应立即将客衣送还客人，确保快洗客衣按时送还房间。

相关说明	

岗位职责
+
绩效标准

工作程序
+
关键问题

执行技巧
+
解决方案

常用文书
+
工作表单

第六章

布草房精细化管理

第一节　布草房岗位描述

一、布草房岗位设置

布草房岗位设置	人员编制
客房部经理	经理级____人
客房服务中心主管　楼层主管　公共区域主管　洗衣房主管　布草房主管	主管级____人
布草房领班	领班级____人
布草房收发员　洗涤工　烘干熨烫工　缝纫工	专员级____人
相关说明	

二、布草房主管岗位职责

岗位名称	布草房主管	所属部门	客房部	编　号	
直属上级	客房部经理	直属下级	布草房领班	晋升方向	

所处管理位置	
所处管理位置	客房部经理 布草房主管　　　洗衣房主管 布草房领班

职责概述	全面管理布草房的日常工作，制订计划，督促员工工作，保证布草房的正常运作

职　责	职责细分	职责类别
1. 组织做好布草与工服洗涤等工作	（1）制定布草房开展工作的各项规章制度、工作流程和质量标准，并组织实施	周期性
	（2）组织做好布草、工服的收发、洗涤、熨烫、缝纫、盘点等工作，保证布草房工作质量	日常性
2. 布草房管理	（1）督导下属员工进行安全生产，使其高标准、高质量地完成工作，并检查其工作质量	日常性
	（2）严格控制洗涤原料及各类物资的质量与成本	日常性
	（3）督导员工并与工程部协作以便做好设备的维护与保养	日常性
	（4）审核领班上报的布草、工服报损计划，并与布草使用部门协调、沟通，做好干净布草的供应工作；必要时，向采购部提出采购申请	周期性
3. 布草房员工管理	（1）根据布草房的工作需要编制布草房员工排班表，合理调配布草房员工	日常性
	（2）制订布草房各级人员的培训计划，并组织实施	日常性
	（3）审核领班提交的员工奖惩建议，提交客房部经理、人事行政部经理审批后，配合做好奖惩的实施工作	周期性

三、布草房领班岗位职责

岗位名称	布草房领班	所属部门	客房部	编　号	
直属上级	布草房主管	直属下级	洗涤工、烘干熨烫工、缝纫工、布草收发员	晋升方向	

所处管理位置	

布草房主管 → 布草房领班 → 洗涤工／烘干熨烫工／缝纫工／布草收发员

职责概述	督导班组员工做好布草与工服的收发、洗涤等工作，及时向主管申请布草、工服的报废及申购，保证布草房工作的正常运转	
职　　责	职责细分	职责类别
1. 组织做好布草与工服收发、洗涤等工作	（1）督导布草收发员按规定的操作程序与标准进行工作，准确、快捷地完成各部门营业用布草、工服的收取与送发工作	日常性
	（2）督导洗涤工、烘干熨烫工做好布草与工服的洗涤、熨烫工作	日常性
	（3）督导并检查缝纫工完成布草、工服的缝纫工作	日常性
	（4）处理工作中发生的特殊问题，向上级汇报或请示处理情况	特别工作
2. 布草房班组工作管理	（1）负责编制布草房"布草、工服收送日报表"	日常性
	（2）负责编制每月的布草丢失与损坏报告，向主管汇报	周期性
	（3）负责编制每月布草、工服的报损计划，向主管汇报	周期性
	（4）检查布草房的卫生清洁情况，保持工作区域干净整洁	日常性
3. 布草房班组员工管理	（1）安排下属员工班次，布置具体任务	日常性
	（2）检查本班组员工的仪容仪表及工作表现，管理员工考勤	日常性
	（3）评估下属员工，向布草房主管提出奖惩建议	日常性

四、布草房收发员岗位职责

岗位名称	布草收发员	所属部门	客房部	编　号	
直属上级	布草房领班	直属下级		晋升方向	

所处管理位置	

职责概述	做好布草、工服的收发工作，负责检查送洗前与洗后的布草、工服，发现问题及时上报

职　　责	职责细分	职责类别
1. 收取工作	（1）接到服务员通知，到指定区域收取脏布草	日常性
	（2）定期收取员工换洗下来的工服	周期性
	（3）做好收取布草及工服的登记工作	日常性
2. 检查工作	（1）按照脏污程度、规格等分检布草与工服，并分别送洗	日常性
	（2）如发现布草及工服需要缝补，及时交给缝纫工进行缝补	日常性
	（3）如发现工服有人为损坏情况，要及时上报领班	日常性
	（4）洗涤后检查发现有洗烫不合格的布草或工服，要退回并要求重新洗涤	日常性
3. 包装与发放工作	（1）洗干净的布草及工服按部门类别有顺序地用号码包装放上布草架	日常性
	（2）将布草与工服分发到各部门，并请负责人签收	日常性
	（3）做好每天的布草及工服洗涤记录	日常性

五、洗涤工岗位职责

岗位名称	洗涤工	所属部门	客房部	编　号	
直属上级	布草房领班	直属下级		晋升方向	

所处管理位置	（见组织结构图）

布草房主管 → 布草房领班 → 洗涤工、烘干熨烫工、缝纫工、布草收发员

职责概述	按照工作程序与标准做好布草及工服的洗涤工作	
职　责	职责细分	职责类别
1. 布草、工服洗涤工作	（1）按照规章制度、标准做好布草与工服的分类、洗前去污等工作	日常性
	（2）按规定程序负责布草与工服的洗涤工作	日常性
	（3）对重度污染的布草应进行特殊清洗，如无法再清洗则向领班反映，申请报损	日常性
2. 其他工作	（1）工作后及时清洁设备，并定期为设备做维护保养	日常性
	（2）填报工作记录，打扫工作区域卫生，下班前将机器、水电、蒸汽关好	日常性

六、烘干熨烫工岗位职责

岗位名称	烘干熨烫工	所属部门	客房部	编　号	
直属上级	布草房领班	直属下级		晋升方向	

所处管理位置	（见组织结构图）

布草房主管 → 布草房领班 → 洗涤工、烘干熨烫工、缝纫工、布草收发员

（续表）

职责概述	按照正确的方法操作设备，做好布草、工服的烘干与熨烫工作	
职　责	职责细分	职责类别
1. 做好布草、工服的烘干熨烫工作	（1）烘干熨烫前，仔细检查设备，调整设备的运行速度和温度	日常性
	（2）烘干熨烫前，检查布草、工服，发现有清洗不合格的要退回重洗	日常性
	（3）按正确方法操作机器，进行布草、工服的烘干及熨烫工作	日常性
2. 其他工作	（1）将烫出的布草及时折叠装上货架，摆放整齐，送到收发员处交接	日常性
	（2）搞好日常卫生，及时将设备内的杂物清除，下班前要关闭机器电源和蒸汽开关	日常性
	（3）遇到机器发生故障情况要马上停机，并报告领班或主管处理	特别工作

七、缝纫工岗位职责

岗位名称	缝纫工	所属部门	客房部	编　号	
直属上级	布草房领班	直属下级		晋升方向	
所处管理位置					
职责概述	正确使用缝纫机等设备，缝补布草与工服，必要时进行简单的缝补客衣工作				
职　责	职责细分				职责类别
1. 缝补工作	（1）负责员工制服的修补工作，必要时向住客提供缝补纽扣等服务				日常性
	（2）正常使用缝纫机等设备，缝补可以修补的布草，或将报损的布草改制成其他有用的物品				日常性
	（3）修补窗帘、横幅等其他布件				日常性

（续表）

职 责	职责细分	职责类别
2. 其他工作	（1）妥善管理好缝纫材料及辅料，做到心中有数，发现问题应及时报告	日常性
	（2）定期对机器设备进行维护保养，必要时进行简单维修，排除故障	周期性
	（3）随时清理和维护工作区域的卫生	日常性

第二节　布草房岗位考核量表

一、布草房主管绩效考核量表

序号	考核内容	考核指标及目标值	考核实施	
			考核人	考核结果
1	制定布草房规章制度、工作流程等	制度标准有效利用率达____% 以上		
2	组织员工高质量地完成布草洗涤工作	布草退回重洗率控制在____% 以下		
3	控制洗涤原料等物资成本	物资成本节约率达____% 以上		
4	督导员工做好设备保养	年设备维修次数不超过____次		
5	根据需要调配人力	工作效率同期提高____%		

二、布草房领班绩效考核量表

序号	考核内容	考核指标及目标值	考核实施	
			考核人	考核结果
1	督导班组员工做好布草及工服的洗涤、收发等工作	客人投诉次数不超过____次 布草洗涤合格率达____%		
2	处理发现布草损坏等特殊问题	问题及时解决率达____%		
3	制作布草房"布草、工服收送日报表"	数据准确率达____% 以上		

三、布草收发员绩效考核量表

序号	考核内容	考核指标及目标值	考核实施	
			考核人	考核结果
1	接到通知，迅速收取、分发布草及工服	布草、工服收发及时率达____%以上		
2	分检布草及工服	分类出错率不超过____%		
3	检查布草的洗、烫质量	有问题却未发现的次数不得超过____次		
4	按顺序包装洗净、熨烫好的布草与工服	布草、工服包装合格率达____%以上		

四、洗涤工绩效考核量表

序号	考核内容	考核指标及目标值	考核实施	
			考核人	考核结果
1	做好布草、工服的清洗	领班检查合格率达____%以上 布草年报损率不超过____%		
2	及时清洁洗涤设备，做好维护保养	设备月故障率不超过____%		

五、烘干熨烫工绩效考核量表

序号	考核内容	考核指标及目标值	考核实施	
			考核人	考核结果
1	检查设备，调整机器运行的速度和温度	机器非正常运行次数不得超过____次		
2	对布草、工服进行烘干及熨烫工作	布草、工服被退回重新熨烫率控制在____%以内		
3	及时清洁洗涤设备，做好维护保养	设备月故障率不超过____%		

六、缝纫工绩效考核量表

序号	考核内容	考核指标及目标值	考核实施	
			考核人	考核结果
1	缝补员工制服	缝补后完好率达____% 以上		
2	缝补、改制布草	缝补、改制后布草合格率达____% 以上		
3	管理好缝纫材料	缝纫材料缺失率不得超过____%		
4	对设备进行简单维修	因设备故障停工率不得超过____%		

第三节　布草房工作程序与关键问题

一、客房布草收取程序与关键问题

客房布草收取工作程序	工作目标
	收取及时，记录清晰
	关键问题点
	1. 将收取布草的区域、布草种类、布草或工服的数量记录在"登记表"上
	2. 与客房服务员核对布草的种类、数量、破损及重污情况，并记录下来

流程图内容：

开始 → 接到客房楼层通知，去相应的楼层收取 → ① 将收取布草信息记录在"登记表"上 → 清点、检查脏布草 → ② 与客房服务员核对清楚 → 将布草运送到布草房 → 将登记表上内容及时记录 → 结束

二、布草调换工作程序与关键问题

布草调换工作程序	工作目标
	脏布草与干净布草数目、分类清晰

布草调换工作程序流程：

开始
↓
接到需调换布草的部门电话，记录种类和数量
↓
准备干净的布草
↓
问清需特殊洗涤的布草，并做详细记录
↓
清点脏布草，与"布草洗涤单"核对
↓
将干净布草交给领用人
↓
布草收发员与领用人签字 ①
↓
将换下的脏布草分类打捆，送交布草房
↓
将需特殊洗涤的布草向领班交代清楚
↓
将"布草洗涤单"上内容详细记录
↓
结束

关键问题点

1. 调换布草后，布草收发员、客房或餐饮部领用布草的人员在"布草洗涤单"上签字

三、布草洗涤工作程序与关键问题

布草洗涤工作程序	工作目标
	洗涤后的布草柔软、无污渍

关键问题点

1. 洗衣槽装载物重量均等，严禁超重
2. 关门时注意不能将布草夹住，可用手重拍一下，确定门已关紧
3. 用温度为 65℃ ~ 70℃ 的热水洗涤 15 分钟左右

四、厨衣洗涤工作程序与关键问题

厨衣洗涤工作程序	工作目标
	衣物洗涤后无明显污渍、无水迹

开始

① 检查厨师衣物的口袋

将围裙按 15 个一捆绑好

打开洗衣机电源，装进衣物

用清水预洗 20 分钟

② 加入洗衣剂用热水主洗 25 分钟

用清水漂洗一遍

加入氯漂粉用热水漂洗一遍

再用清水漂洗一遍

最后一遍漂洗时加入中和剂

脱水

出机时将小件衣物分出来

将衣物送去熨烫

结束

关键问题点

1. 查看衣物口袋中是否有利器和会染色的物品
2. 用低水位，加强碱洗衣粉与乳化剂，加温至 65℃左右，洗涤 25 分钟

五、床单烫平工作程序与关键问题

床单烫平工作程序	工作目标
开始	烫好的床单须平整、舒展
将要烫平的床单放在工作台上	
① 选择适宜的工作速度	**关键问题点**
检查机器后启动	1. 按标准每小时须烫____条床单
两名熨烫工站在机器两边捏住床单两角	2. 送入的床单不准有折边、折角以及底角拉长的现象
拉直床单，送入烫机	3. 有污迹的床单须返回重洗，有破损的床单须及时报损
将下垂的床单向外轻扯，平稳送入烫机	
同时，将下一条床单抓起，重复送入	
② 观察送入的床单是否有搓折的现象	
③ 及时捡出有污迹及破损的床单，分别摆放	
按规定将烫完床单捆扎	
打好捆的床单装入布草车，送交收发员	
结束	

六、口布烫平工作程序与关键问题

口布烫平工作程序	工作目标
	烫平的口布须干燥，四边齐整无折，有光泽，柔软适度

开始

用手捏住口布两角，将死折解开

整齐将口布摆放在工作台上

为烫机选择合适的工作速度

将送入边扯直，正面向下送入烫机

迅速将口布向两边扯平

在烫机另一侧用双手快速接收传送来的口布 ①

挑出有污渍、破损的口布

将口布对折，整齐地码放在工作台上

点数后，记录在工作记录本上

将整理好的口布装入布草车送交收发员

结束

关键问题点

1. 有污迹和破损的口布要分别送回重洗或报损

七、毛巾烘干工作程序与关键问题

毛巾烘干工作程序	工作目标
	烘干后的毛巾干燥，无异味

开始

↓

打开电源及蒸汽阀门

↓

检查烘干机是否安全

↓

试机，确认烘干机可以正常工作

↓

将毛巾装入烘干机，注意不能超重

↓ ①

选择合适的烘干温度与时间

↓

运行中注意观察机器

↓ ②

向烘干的毛巾打冷风

↓

待机器完全停转后打开门

↓ ③

检查烘干质量

↓

将毛巾装入布草车，送往叠毛巾处

↓

结束

关键问题点

1. 烘干温度在 70℃ ~ 80℃，烘干时间需 30 分钟
2. 打冷风时间为 10~15 分钟
3. 检查毛巾是否有潮湿感，闻一闻是否有异味，如有，须立即报告领班并查明原因

八、布草折叠工作程序与关键问题

布草折叠工作程序	工作目标
	打好捆的毛巾须四面整齐, 规格统一

布草折叠工作程序	关键问题点
开始 ↓ 清扫叠布草工作台 ↓ ① 将布草分类 ↓ ② 手工叠所有布草 ↓ 将有污迹或损坏的布草捡出重洗或报损 ↓ ③ 将布草分类打捆 ↓ 点数后在"工作记录表"上记录 ↓ 将打好捆的毛巾装入布草车,送交收发员 ↓ 将"工作记录表"及时上报 ↓ 结束	1. 将布草按浴袍、浴巾、脚垫、毛巾、面巾 等分类折叠 2. 叠好的布草店徽向外, 正反面正确, 各类 布草规格须一致 3. 将布草打捆 （1）浴巾 10 条一捆, 面巾 20 条一捆, 脚 垫 15 条一捆, 小方巾 50 条一捆 （2）打捆时, 系绳应打活结, 以便再次 使用

九、布草报损工作程序与关键问题

布草报损工作程序	工作目标
开始 烘干熨烫工检查出布草有破损 向布草房领班报损 领班将能修补的布草交缝纫工修补 不能修补的布草须经主管鉴定以确定报损 ① 领班在"布草报损记录表"上记录报损信息 ② 处理报损布草 领班每月记录报废汇总并上报 结束	1. 报损及时，不影响酒店各营业点布草的正常使用需求 2. 报损后的布草能充分再利用
	关键问题点
	1. 布草房领班在"布草报损记录表"上记录全部报损布草的数量和种类 2. 报损布草的处理方式

第四节　布草房服务标准与服务规范

一、布草房管理规范

酒店客房部服务标准与服务规范文件	文件编号		版本	
标题	布草房管理规范	发放日期		

1. 为了规范布草房员工的日常行为，保证布草房各项服务工作的正常运营，布草房主管在客房部经理的指导下，特制定本规范。

2. 要保持布草房每天的卫生：地面无垃圾、无脚印、无积水、无水迹等。

3. 一天内始终要把布草房的门锁好，若出现问题要由布草房领班承担责任。

4. 布草不能露空存放，应全部放到布草柜内，禁止乱堆乱放。

5. 所有干净的浴袍、裕巾、口布等布草均要放置在专用的布草柜内。

6. 布草房内的一次性物品及其他物品要放到固定或指定的位置，摆放要整齐、美观、大方，禁止混放。

7. 餐厅布草禁止与客房布草、一次性洗涤物品接触太近，造成污染由责任人承担责任。

8. 在当天的布草工作完成后，所有布草不得被人为污染，如脚踏、工作车轮压、随地乱扔或被当作清洁抹布使用。

9. 布草摆放要整齐、美观、大方，在使用布草时要轻拿轻放，并进行及时整理。

10. 禁止乱放布草房工作车上的物品，摆放要整齐、美观、大方，垃圾袋内无垃圾，若有应及时清理并更换，每天下班时都要为工作车抹尘，保持工作车的清洁、无灰尘、无污迹。

11. 每天下班时都要清理一遍布草房内的吸尘器，吸尘器内要保持无脏物、灰尘，表面要保持干净、无灰尘与斑迹，禁止乱放。

12. 布草房内禁止存放客人的私人物品、酒水、房卡等遗留物，若有要及时交到客房服务中心处理。

签阅栏	签收人请注意，您在此签字时，表示您同意以下两点内容。 1. 本人保证严格按此文件要求执行。 2. 本人有责任在发现问题时，第一时间向本文件审批人提出修改意见。			
相关说明				
编制人员	审核人员		审批人员	
编制日期	审核日期		审批日期	

二、布草收发管理规范

酒店客房部服务标准与服务规范文件		文件编号		版本	
标题	布草收发管理规范	发放日期			

1. 目的

为了帮助布草房收发员做好布草的收发工作，规范服务行为，提高其工作效率，特制定本规范。

2. 收调脏布草

（1）收取脏布草时要按颜色与种类及时分类。

（2）逐一清点收取的数量，并检查布草内是否有杂物。

（3）检查有重大污损和破损的布草，将这些特殊布草做好标记和记录。

（4）客房、餐饮部送到布草房的脏布草由洗衣房员工清点，并按种类、颜色、尺寸分类后分别记录。

（5）客房部、餐饮部等部门换取干净布草时，必须填写"布草申领单"。

（6）收调布草时，要遵循一个原则："送洗多少数量的脏布草就要换领相应数量的干净布草"。如果申领者要求超额领用，应提前填写"布草借用申请表"并经有关人员批准；如果布草房发放的布草数量有短缺，也应开出"布草签单"，作为以后补领的依据。

3. 发放布草

（1）按实点数量发放布草，分清楼层。

（2）特殊布草要按记录数目发放。

（3）布草收发员要将洗干净的客房用布草用布草车送回楼层，并由客房服务员接手将布草分送到各个客房。

（4）餐饮部布草由布草收发员按餐饮部收取布草的记录上的种类、颜色、尺寸发放给各餐厅。

（5）发放布草要请接收负责人做好签收手续。

（6）发放布草前要检查布草质量，破损的、洗不干净的、烫不平的、有异味的不能发放。

（7）发放布草时要注意各部门、各分部的布草不能混淆发放。

（8）所有餐饮部和客房的布草发放时间安排都要与布草房的工作量相符合。

4. 处理问题布草

（1）没有洗涤干净的脏布草，要与布草洗涤工协商，再次洗涤。

（2）经反复洗涤仍有污迹的布草，要单独放在一边，留做它用；或在布草的明显位置上缝一条线，做区分，以免混淆。

（3）对于损坏的布草也要单独存放或缝上一条线，以免与其他布草混淆。

签阅栏		签收人请注意，您在此签字时，表示您同意以下两点内容。
		1. 本人保证严格按此文件要求执行。
		2. 本人有责任在发现问题时，第一时间向本文件审批人提出修改意见。
相关说明		
编制人员	审核人员	审批人员
编制日期	审核日期	审批日期

三、布草报损管理标准

酒店客房部服务标准与服务规范文件		文件编号		版本	
标题	布草报损管理标准	发放日期			

1. 目的

为了做好布草的报损工作，在保证酒店日常营业布草需求的基础上，减少酒店的损失，特制定本标准。

2. 可以报损布草的条件

（1）布草平面的中心、四边角位有破烂，就不能再继续使用。

（2）重污布草在去污、洗涤之后仍不能去除污迹。

（3）布草有陈旧、变色、染色、褪色等现象且在洗涤后更加严重，导致无法使用。

（4）布草有明显的抽线、抽毛等不能修补的破损现象。

（5）缝纫工无法修补的破损情况，可以申请报废。

3. 布草报损应遵循下列程序

（1）布草保管员要仔细审核相关人员送来的布草和"布草报损申请单"，对报损布草进行清点分类，并与"布草报损申请单"上的数目核对，确保准确无误。

（2）布草保管员将"布草报损申请单"报布草房领班，经审核签收后交布草保管员登记、入账。

（3）报损的各类布草由布草保管员负责汇总。

（4）布草房领班要督促、检查布草房定期汇总统计报损的布草，并据此提出处理意见，报布草房主管和各使用部门，由使用部门提出布草申购申请。

签阅栏		签收人请注意，您在此签字时，表示您同意以下两点内容。 1. 本人保证严格按此文件要求执行。 2. 本人有责任在发现问题时，第一时间向本文件审批人提出修改意见。	
相关说明			
编制人员		审核人员		审批人员	
编制日期		审核日期		审批日期	

四、缝纫工日常工作规范

酒店客房部服务标准与服务规范文件		文件编号		版本	
标题	缝纫工日常工作规范	发放日期			

1. **目的**

为了规范布草、工服、客衣的缝补工作，提高缝纫工的工作效率，特制定本规范。

2. **布草缝补规范**

（1）对于烘干熨烫工与布草收发员交来的布草，缝纫工要问清原因，检查脱线、掉扣、坏拉链等现象的严重性。

（2）缝纫工在接收布草时，要先了解布草的需求时间，对急需的布草要优先缝补。

（3）缝补当中要注意，线团与布料的颜色要相近，差别不可太大。

3. **员工工服缝补规范**

（1）对不合身的员工工服，缝纫工要负责将其改短、改小、放长、放大等服务，直到合身为止，尽量保证酒店形象。

（2）缝纫工在接收员工工服时，要先了解取衣时间，对急需的工服要优先缝补。

（3）缝补员工工服时，同一件衣物不可钉有两种纽扣，也不可以用两种颜色的线团。

4. **客衣缝补规范**

（1）根据特殊需要，缝纫工会接受洗衣房送来的客衣修补工作。

（2）缝纫工在进行客衣修补之前，要清楚地确认客人的缝补要求，并与客人达成一致。

（3）对有特别修改要求的客衣，如缝纫工的工艺达不到客人的要求，要跟客人解释，若客人仍坚持修改的，缝纫工或洗衣房领班可拿到外面的制衣厂去加工，且一切费用由客人自付。

签 阅 栏	签收人请注意，您在此签字时，表示您同意以下两点内容。 1. 本人保证严格按此文件要求执行。 2. 本人有责任在发现问题时，第一时间向本文件审批人提出修改意见。		
相关说明			
编制人员	审核人员		审批人员
编制日期	审核日期		审批日期

五、巾类布草折叠包装工作规范

酒店客房部服务标准与服务规范文件		文件编号		版本	
标题	巾类布草折叠包装工作规范	发放日期			

1. 为了规范布草房员工对巾类布草的折叠、包装工作，保证酒店日常运营对巾类布草的使用需求，特制定本规范。

2. 布草房员工在折叠巾类布草前，应先与使用部门做沟通，视其部门现场摆放的美观程度要求，再决定折叠的方法，布草房要积极配合前线部门，满足他们的需求。

3. 不同部门的巾类布草，折叠时要加上不同的标志，以免混淆。

4. 折叠巾类布草时，规格、颜色、标志完全一致的要摆放在一起，以便于统一包装。包装时，要分清部门类别，不同部门的巾类布草，严禁包装在一起。

5. 折叠时，要仔细检查巾类布草的洗涤质量及破损情况。对脏的巾类布草，要及时分出来重洗；对破的巾类布草，要交给领班作报损处理。

6. 所有干净的巾类布草，不可有线头，折叠时发现线头要及时剪掉，也不可脱边。

7. 所有折叠好的巾类布草，有酒店标志一面的一律朝上；所有开口要在同一方向。

8. 包装白色巾类布草时，只能使用白色包装绳，以免串色。包装时要包装巾类布草的两头。

签阅栏		签收人请注意，您在此签字时，表示您同意以下两点内容。 1. 本人保证严格按此文件要求执行。 2. 本人有责任在发现问题时，第一时间向本文件审批人提出修改意见。	
相关说明			
编制人员		审核人员		审批人员	
编制日期		审核日期		审批日期	

第五节 布草房服务常用文书与表单

一、布草洗涤收取单

布草类别	布草种类	收取日期	数量	布草收发员	备注
客房布草	床单				
	被套				
	枕套				
	床裙				
客房布草	浴袍				
	浴巾				
	面巾				
	手巾				
	地巾				
	其他				
餐饮布草	台布				
	口布				
	杯布				
	椅套				
	筷子套				
	杯垫				
	酒瓶套				
	托盘垫				
	其他				

二、工服洗涤收取单

工服种类	收取日期	数量	工服收发员	备注
上衣				
裤子				
衬衫				
T恤衫				
短裤				
裙子				
帽子				
手套				
领巾				
领带				
领结				
其他				

三、工服洗涤登记表

填表人：　　　　　　　　　　　　　　　　　　　　日期：＿＿年＿＿月＿＿日

序　号	制　服				备注	厨　衣					备注
	姓名	工号	衣	裤	衫		姓名	工号	衣	裤	衫	
1											
2											
3											
...											

四、布草洗涤记录单

布草类别		□ 餐饮部草	□ 客房布草	□ 其他
送洗或调换日期	___年___月___日		送洗人或调换人姓名	
布草详情	布草名称	数量	布草收发员	备注

五、特殊布草记录表

日期	破损布草		重污布草		布草收发员	备注
	种类	数量	种类	数量		

六、布草报损记录表

布草类别	布草种类	日期	数量	报损原因	记录人	备注
客房布草	床单					
	被罩					
客房布草	床裙					
	枕套					
	浴巾					
	面巾					
	手巾					
	地巾					
	其他					

（续表）

布草类别	布草种类	日期	数量	报损原因	记录人	备注
餐饮布草	台布					
	口布					
	杯布					
	椅套					
	筷子套					
	杯垫					
	酒瓶套					
	托盘垫					
	其他					

七、客房布草月盘点表

编号：　　　　　　　　　　　　　　　　盘点日期：＿＿年＿＿月＿＿日

品名	单位	单价	期初盘存量	本期购进数量	本期报损	本期报损金额	期末盘存量	备注
大被套								
小被套								
大羽绒被								
小羽绒被								
大冷气被								
小冷气被								
枕头								
枕套								
大床单								
小床单								
保护垫								
床裙								

（续表）

品名	单位	单价	期初 盘存量	本期购进 数量	本期 报损	本期报损 金额	期末 盘存量	备注
浴袍								
浴巾								
手巾								
面巾								
地巾								
合计								

盘点人：　　　　　　　　　　　　　　　　　　　　部门经理：

八、餐厅布草月盘点表

编号：　　　　　　　　　　　　　　　　盘点日期：＿＿＿年＿＿＿月＿＿＿日

品名	单位	单价	期初 盘存量	本期购进 数量	本期 报损	本期报损 金额	期末 盘存量	备注
桌布								
口布								
杯布								
椅套								
西装套								
筷子套								
杯垫								
酒瓶套								
托盘垫								
其他								
合计								

盘点人：　　　　　　　　　　　　　　　　　　　　部门经理：

第六节　布草房服务质量提升方案

一、布草服务质量提升方案

标　　题	布草服务质量提升方案		文件编号		版本	
执行部门		监督部门			考证部门	

一、目的

为了进一步规范布草服务的工作流程，做好酒店的布草服务，特制定本方案。

二、适用范围

本方案适用于规范酒店各部门正常运营所需要的布草服务，包括布草的收发、调换、洗涤、折叠和检查等具体事项。

三、布草收调

1. 收取脏布草时，要按照颜色与种类对布草进行分类。

2. 逐一清点收取的数量，并检查布草内是否有杂物。

3. 检查有重大污损和破损的布草，将这些特殊布草做好标记并记录。

4. 各部门将脏布草送到布草房时，布草收发员要当面清点，并按照种类、颜色、尺寸作分类记录。

5. 各部门换取干净布草时，必须填写"布草申领单"。

6. 收调布草的数量时，要遵循"送洗多少数量的脏布草就换取相应数量的干净布草"的原则。如果申领者要求超额领用，应提前填写"布草借用申请表"，并经客房部经理审批。若布草房发放的布草数量短缺，也应开出"布草签单"，作为以后补领的依据。

四、布草分类洗涤

1. 对于收取或调换的布草要首先按客房布草、餐饮布草、其他布草等进行大分类再小分类。小分类标准如下。

（1）客房布草分类包括：被单、枕套、床单、毯子、床垫衬垫、床罩、浴巾、手巾、洗脸巾、洗碟巾、浴室地巾、淋浴帘等。

（2）餐饮布草分类包括：白色桌布、白色餐巾、浅色餐巾、深色桌布、深色餐巾等。

（3）其他布草的分类包括：客房抹布、厨房抹布、保洁抹布等。

2. 在对布草正式洗涤前，应对布草进行预处理。

（1）在喷雾瓶里装入去污剂，直接喷洒在污渍或油渍上；或在盆里装上去污剂，将油渍多的布草直接放入盆里浸泡。

（2）对于采用上述第一种预处理方式的布草，可再将其放入洗衣机内浸泡几分钟。

（3）若是抹布、拖布、缓冲垫等需要预先浸泡的布草，浸泡时应将它们放进水池或木盆中。

（续）

（4）将浸泡过的布草先放进洗衣机里进行洗涤。

3. 将布草从洗衣机中取出后，检查其是否干净；如不干净，按预处理程序再处理一遍。

4. 按上述程序洗涤后，应再将布草清洗一遍。

五、布草烘干、熨平

1. 烘干熨烫工将洗涤后的布草按烘干机的载重要求装载。

2. 烘干后的布草应在烘干机内冷却3分钟，以减少褶皱。

3. 冷却后的布草拿出烘干机后挂在干净的布草车边缘，以防止出现褶皱。

4. 将洗涤、烘干后的布草按规定叠好，如枕套要先叠抹平开口，开口处要一致。

5. 调整熨烫机的机速，烘干熨烫工进行熨烫操作。

6. 烘干、烫平布草时，若发现有污迹的布草，可以折叠单角以示重新洗涤；有破损的布草，可以折双角以示破损。

六、布草折叠、检查

1. 对于机器折叠的布草，要利用机器进行折叠；对于必须手工折叠的布草，要进行手工折叠。

2. 在布草折叠的过程中，要按规范进行，确保布草齐整、店徽露在指定位置。

3. 对于折叠好的布草，要按规范堆放或捆扎。

4. 对堆放或捆扎好的毛巾进行点数后，要记录在当日工作记录上。点清数目后，将毛巾上架摆放整齐。

七、布草问题处理

1. 对于没有洗涤干净的脏布草，要与布草洗涤工协商，再次洗涤。

2. 经反复洗涤仍有污迹的布草，要单独放在一边，留作他用；或在布草的明显位置上缝一条线，作为区分，以避免混淆。

3. 对于损坏的布草也要单独存放或缝一条线，以免与其他布草混淆。

八、布草发放

布草收发员按实点数量发放布草，分发给客房各楼层或各需求部门。特殊布草按记录数目发放。

1. 布草收发员用布草车将洗净的客房用布草送还相应的楼层，由客房服务员将布草分发到各个客房。

2. 餐饮部布草由布草收发员按餐饮部收取布草记录上的种类、颜色、尺寸放给各个餐厅。

3. 发放布草时，要检查布草质量，破损的、没有洗干净的、熨烫不平的、有异味的布草不能发放。

4. 发放布草时注意各个部门、各个分部的布草不能混淆发放。

5. 所有客房部和餐饮部的布草发放时间安排都要与布草房的工作量相符合。

相关说明	

二、布草二次污染的防范方案

标　　题	布草二次污染的防范方案		文件编号		版本	
执行部门		监督部门		考证部门		

一、目的

为了规范员工做好布草的收、洗、发及该过程的运送工作，防止对布草造成二次污染，特制定本方案。

二、含义界定

1. 二次污染是指布草从客房撤换下来之后，在收集、送洗过程中形成的新污染。

2. 二次污染的特性包括以下三点内容。

（1）二次污染的污渍一般是不容易被去除的顽固污渍。

（2）二次污染会加大布草房人员的工作量。

（3）因过多使用洗涤剂，会损伤布草纤维，增加布草破损报损率，从而增加酒店的成本。

三、适用范围

本方案适用于布草房的所有员工。

四、布草二次污染防范措施

1. 布草收发员收集脏布草时，要及时按类别折叠好，整齐地放置在工作车上。

2. 折叠布草时注意不要踩到布草的边角。

3. 严禁用客房毛巾在客房内打扫卫生。

4. 避免布草与地面产生摩擦，不得将客房内的布草直接作为打包工具使用。

5. 将布草运回到布草房时要及时做规整，将脏布草和干净的布草分开放置。

相关说明	

三、布草报损处理的实施方案

标　　题	布草报损处理的实施方案		文件编号		版本	
执行部门		监督部门		考证部门		

一、目的

为了做好布草报损工作，在保证酒店日常营业需求的基础上，减少酒店损失，特制定本方案。

二、适用范围

本方案适用于酒店布草的报损事项。

三、布草报损条件

布草报损时应具备以下条件。

1. 布草的平面中心、四边角有破烂，就不能再继续使用。

2. 重污布草在去污、洗涤之后仍不能去除污渍。

（续）

3．布草有陈旧、变色、染色、褪色等现象在洗涤后更加严重，导致无法使用。

4．布草有明显的抽线、抽毛等不能修补的破损现象。

5．其他缝纫工无法修补的破损情况。

四、布草报损程序

布草报损可按照如下程序进行。

1．布草保管员要仔细审核相关人员送来的布草与"布草报损申请单"，对报损布草进行清点分类，并与"布草报损申请单"上的数目核对，确保准确无误。

2．布草保管员将"布草申请单"报布草房领班，经审核签收后，登记并入账。

3．报损的各类布草由布草保管员负责汇总、集中。

4．布草房领班要督促、检查布草房定期汇总统计报损的布草，并据此提出处理意见，报客房部经理和各使用部门经理，由使用部门提出布草购置申请。

五、报损布草的处理措施

1．报损的布草必须洗干净，在盖报损章后，分类捆扎、集中存放。

2．根据具体情况改做相应的小床单、枕套、小台布、口布和抹布等。

相关说明	